Kinder entdecken Natur in der Stadt

Spannendes im Alltag erforschen

Andrea Thonot

blv

Einleitung

Für Kinder wird heute so viel getan wie nie zuvor. Schon im Kindergarten besuchen sie die musikalische Früherziehung und lernen englische Abzählverse, schon als Schulanfänger tüfteln sie an physikalischen Experimenten und werden sozialkompetent gemacht. Doch während sie geschult, gefördert, geformt und »fit fürs Leben« gemacht werden, wird ihnen das Lebendige zunehmend fremd. Was tun? Natur und Kind aufeinander loslassen! Es ist möglich. Auch in der Stadt.

Gebt den Kindern ihr Wunderland zurück!

Es gibt einige einfache Fragen, auf die ich keine eindeutige Antwort habe. Auf die Frage zum Beispiel, was meine Muttersprache ist, muss ich sagen: Ich habe nicht eine, sondern zwei. In Colmar im Elsass, wo ich aufgewachsen bin, wurde ungefähr gleich viel Deutsch wie Französisch gesprochen. Auf die Frage, ob ich in der Stadt oder auf dem Land aufgewachsen bin, kann ich auch nicht geradeheraus antworten: Ja, schon irgendwie in der Stadt; Colmar hatte damals in den mittleren Sechzigern, als ich zur Schule kam, immerhin schon fast 60.000 Einwohner.

Aber eigentlich bin ich doch mehr auf dem Land aufgewachsen, denn die Ausläufer der französischen Vogesen – die Vogesen sind ein herrliches Waldgebirge, das der Rhein vom deutschen Schwarzwald trennt – wuchsen gewissermaßen in unsere Straße am westlichen Stadtrand hinein. Im Frühling gaukelten Schmetterlinge aus den nahen Wäldern herab in unsere Straße. Fledermäuse, die in Colmars mittelalterlicher Altstadt ihre Quartiere hatten, flatterten in der Dämmerung durch unsere Straße. Im Frühling wehten Lindenblüten heran, im Herbst Laub, in das man sich – vor unserer Haustür! – fallen lassen konnte, als wäre man selbst ein Herbstblatt. Und die Eichhörnchen, so jedenfalls glaube ich mich zu erinnern, fühlten sich in den Gartenbäumen unserer Straße womöglich damals schon wohler als draußen im Wald.

Für so manchen war ein Igel das erste Stück Natur, dem er in der Stadt bewusst begegnet ist. Igel – im Bild ein Jungtier – lernen schnell, dass sie nichts zu befürchten haben, und lassen das lästige Stachelsträuben bald bleiben.

Eine kleine Schönheit auf sechs Beinen, die uns auch in kleinsten Grünanlagen, ja sogar im Balkonkästen begegnet. Wo es Blattläuse zu knabbern gibt, sind Marienkäfer nicht weit.

Ich glaube, ich hätte Kindheit und Jugend nicht heil überstanden ohne Eichhörnchen, Igel, Grasfrösche, Schnecken … und ohne die Möglichkeit hinauszulaufen. Dahin, wo mich Eichelhäher mit lautem Rätschen verpetzten, wenn ich unter ihre Bäume lief, und wo mir Märzenbecher zunickten, sobald sich der Schnee zurückgezogen hatte. Das war Wunderland. Meine Welt.

Aber wie sieht es eigentlich aus mit der Naturnähe dieser Tage? Wie viele Kinder dürfen durchs »Wunderland« toben? Noch 1990 sagten Dreiviertel der (im Rahmen einer wissenschaftlichen Studie) befragten Sechs- bis Dreizehnjährigen, sie verbrächten einen Großteil ihrer Freizeit draußen. Im Jahr 2003 hatte sich die Zahl halbiert. Und heute, Januar 2012, wird sie noch einmal deutlich kleiner sein. Die Überwiegend-draußen-Spieler sind heute sicherlich nur noch eine kleine Minderheit.

Auch für Eichhörnchen ist längst klar, dass Menschen zu den besonders nützlichen Lebewesen gehören: Wer freizügig Nüsse und Rosinen verteilt, kann nicht schlecht sein.

Der Natursoziologe Rainer Brämer schockte die Öffentlichkeit vor Kurzem mit wissenschaftlich abgesicherten Beobachtungen. Von 3.000 Sechs- bis Neuntklässlern wusste nur die Hälfte, wie die Sonne über das Firmament zieht (im Bogen und im Uhrzeigersinn). Weit mehr als zwei Drittel wusste nicht, wie viele Eier ein Huhn pro Tag legt. Verzichtbares Wissen? Wohl eher nicht, denn dieses Nichtwissen ist nur das äußerliche Zeichen eines tiefen Mangels.

Der Autor eines berühmt gewordenen Buches (»Das letzte Kind im Wald«), Richard Louv, nannte die Folgen eines naturfernen Lebens »Naturmangelstörungen«. Und die wirken sich nicht nur so aus wie Vokabel-Lücken beim Fremdsprachenlernen – etwa, dass kaum noch ein Kind Hase und Kaninchen unterscheiden oder auch nur einen einzigen Laubbaum beim Namen nennen kann.

Wer mit offenen Augen durch die Stadt geht, findet überall Pflanzen und Tiere. In jeder Pflasterritze, in jedem Rinnstein lebt und krabbelt und wächst und wurzelt es.

Nein, es geht tiefer! Der deutsche Natur- und Wildnispädagoge Gerhard Trommer beobachtete schon vor mehr als zwei Jahrzehnten, dass US-Studenten, deren Lieblingsspielplatz immer nur in der Nähe einer Steckdose war, auf Waldböden nicht mehr richtig gehen konnten. Unebenheiten – also natürlicher Boden – erlebten sie wie Angriffe auf ihr Gleichgewichtssystem. Und das produzierte Angst und Unsicherheit. Wald und offene Landschaft waren für sie »No-go-Area«.

Richard Louv macht nicht etwa die Kinder für solche Fehlentwicklungen verantwortlich. Es sind meist die Eltern, die Kindern die Naturferne »vorschreiben«. Seltsamerweise schwärmen oft dieselben Eltern mit strahlenden Augen davon, wie sie »damals« (also vor rund dreißig Jahren!) in Fichtenschonungen Höhlen gebaut und auf Eichenästen Hochsitze befestigt haben. Und diese erwachsen gewordenen Glückskinder sind nun Menschen, die Wald und Natur für zu gefährlich halten und deshalb ihren Kindern den Zutritt in diese Paradiese ihrer eigenen Kindheit verwehren. Irgendwann hatten diese Eltern gelernt: Mein Kind muss vor allem computerfit sein – es soll ja schließlich nicht Förster oder Gärtner werden! Also her mit Playstation und pädagogisch halbwegs wertvollen Klick-Spielen.

Es gibt aber auch neue Entwicklungen: Immer mehr Eltern sehen die Defizite, die eine naturferne Kindheit mit sich bringt. Natur- und Waldkindergärten boomen, haben Aufnahme-Wartelisten. Über 1000 gibt es derzeit in Deutschland, und die Zahl wächst ständig. Kinder, die bei jedem Wetter im Wald spielen können, wachsen körperlich, seelisch und geistig gesünder auf als Gleichaltrige, die (ob sie es nun wollen oder nicht) als Stubenhocker groß werden. Mittlerweile kann der Bundesverband der Natur- und Waldkindergärten belegen, dass die Immunsysteme von Waldkindern weit stärker sind als die des gleichaltrigen Durchschnitts. Und die jungen Menschen, die auf eine Waldkindergarten-Jugend zurückblicken können, sagen, der Zauber des Waldes begleite und beschütze sie auch im städtischen Alltag.

Nun ist es aber wohl doch so, dass nur einer Minderheit von Kindern das Glück zuteilwerden kann, einen Waldkindergarten zu besuchen. Was ist mit den vielen anderen? Pech gehabt?

Unsere Städte sind glücklicherweise nur noch in wenigen Winkeln öde Steinwüsten. Die Natur hat sich (mit menschlicher Hilfe oder auch sogar gegen den Willen von Stadtplanern) in Städten eingewurzelt. Nicht Natur pur … aber eben doch Naturerlebnisraum.

Man muss nur hinschauen und bereit sein zu erleben. Wer als Stadtkind Natur entdecken möchte, ist nicht unbedingt darauf angewiesen, von einem Elternteil auf den Rücksitz des Autos verfrachtet und an den Stadtrand gefahren zu werden. Natur lässt sich sogar in Citys erleben! Dieses Buch zeigt, wo Natur in der Stadt zu finden ist, und möchte zum Hinschauen anregen. Denn hinter dem Alltäglichen um uns herum verbergen sich jede Menge interessanter Geschichten. Ich versuche Antworten auf viele Kinderfragen zu finden. Warum singen Vögel? Können Ohrenkneifer kneifen? Oder wie weit kann ein Eichhörnchen springen? Kleinere Kinder sind wissbegierige Zuhörer, wenn man ihnen die Stadtnatur erklärt – und Jugendliche können sich die Antworten natürlich selbst erlesen.

Stadtkinder sind nicht Spielekonsolen ausgeliefert und nicht mit Elektrostrippen an ihre Spielzimmer gebunden. Es gibt Leben: draußen. Leben, das mehr Leben verspricht und Aufregendes bereithält, mehr als die raffiniertesten digitalen Drinnen-Welten je bieten können.

Also liebe Eltern: »Gebt den Kindern ihr Wunderland zurück!«

Andrea Thonot, Januar 2012

Der Gepäckträger eines unbenutzten Fahrrades wird zum perfekten Nistplatz für eine Amsel …

… und eine Hauswand mit ihrem dicken Mantel aus wildem Wein ist ein Paradies für sechsbeinige, achtbeinige, gefiederte und bepelzte Untermieter.

Los geht's

Die Stadt ist eine lebensfeindliche Betonwüste, und wer Natur erleben will, muss raus aufs Land? Nein, im Gegenteil: Während heute in der freien Landschaft Hecken abgeholzt, Tümpel zugeschüttet und Monokulturen angelegt werden, erleben die Städte einen nie gesehenen Zustrom an Tieren. In Berlin zum Beispiel leben nicht nur ca. 3,5 Millionen Menschen, sondern auch 53 Säugetierarten und 180 verschiedene Vogelarten, von den vielen Insekten, Spinnen, Blumen, Bäumen und Pilzen gar nicht zu reden. Die Stadt ist voller Leben; wir müssen es nur entdecken. Worauf warten wir noch?

Wer schummelt, hat mehr vom Leben

In der Natur wird maskiert, getrickst und geblufft.

In der Natur wird maskiert, getrickst und geblufft, dass sich die Balken biegen – und wer am überzeugendsten schummelt, hat die besten Überlebenschancen. Einen der besten »Lügner« trifft man in jeder Blumenrabatte: das Tagpfauenauge. Wenn der Schmetterling sich mit hochgeklappten Flügeln ausruht, könnte man ihn fast für ein welkes Blatt oder ein Stück Rinde halten: Die Unterseite der Flügel mit dem unauffällig graubraunen Muster tarnt ihn perfekt. Wird das Tagpfauenauge aber aufgeschreckt und kann nicht mehr rechtzeitig fliehen, kommt Plan B zum Einsatz: Mit einem Ruck reißt es die Flügel auf und zieht die Vorderflügel mit den bunten Augenflecken nach vorne; dazu »faucht« es auch noch drohend. Wohl jeder Angreifer zögert einen Moment, wenn er von einem fauchenden Augenpaar angestarrt wird – und dieser Augenblick genügt dem Schmetterling meistens, sich in Sicherheit zu bringen.

Wer frisst schon einen Zweig?

Wer sich im Gras, auf Zweigen und Baumrinde mit Detektivblick umschaut, entdeckt überall Meister der Tarnung. All die Nachtschmetterlinge verschmelzen geradezu mit ihrem Untergrund; sie imitieren Rinde, abgefallene Blätter oder Flechten. Noch besser sind die Raupen; sie sehen aus wie Vogelkot, Zweige (im Foto die Raupe des Aschgrauen Rindenspanners), Knospen oder Blüten. Und wenn ihre Tarnung trotzdem auffliegt? Macht nichts, dann lassen sie sich einfach zu Boden fallen. Diese Fluchtstrategie kann man sich zunutze machen: Wer sich Raupen im Tarnkostüm genauer ansehen möchte, muss nur ein Tuch unter einem Busch ausbreiten und auf die Zweige klopfen. Im Nu krabbeln Raupen, aber auch Wanzen und Spinnen in blattgrünem, rindenbraunem und flechtengrauem Outfit auf dem Tuch herum.

Vorsicht! Scharf geladen!

Das jedenfalls »behaupten« viele Schwebfliegen. Manche sehen aus wie Wespen, andere wie Hummeln, wieder andere wie Bienen. Aber der Etikettenschwindel ist noch viel raffinierter: Die Schwebfliegen bewegen sich auch wie ihre wehrhaften Vorbilder und ahmen oft sogar ihren Summton nach. Vor Vögeln mögen die fliegenden Hochstapler zwar sicher sein, gegen Menschen allerdings hilft ihnen die Maskerade wenig: Wenn mensch sich bedroht fühlt, ergreift er oft nicht die Flucht, sondern geht zum Angriff über. So manche Schwebfliege ist schon als vermeintliche Wespe erschlagen worden.

Sind Elstern diebisch und Raben schlechte Eltern?

Die Vögel mit dem rabenschwarzen Image

So ein Quatsch! Keine Elster *stiehlt* den glitzernden Knopf, genauso wenig wie eine Kohlmeise die Erdnuss *stiehlt* oder eine Amsel den Regenwurm. Was rumliegt, gehört ihnen – ist doch klar, oder? Woher sollen Vögel denn wissen, dass ich den Knopf noch brauche, dass ich ihnen Erdnuss und Regenwurm aber von Herzen gönne? Noch abwegiger ist die Behauptung, Rabeneltern seien schlechte Eltern. Raben und ihre Verwandten, die Krähen, kümmern sich hervorragend um ihre Jungen und verteidigen sie jederzeit gegen Katzen, Füchse – und sogar Menschen! Wer die vermeintlich hilflosen Jungkrähen »retten« will, bekommt unweigerlich Ärger mit den erbosten Eltern.

Nussknacker auf vier Rädern

Wenn einem auf dem Weg zur U-Bahn auf einmal eine Walnuss vor die Füße fällt, dann heißt das noch lange nicht, dass man gerade unter einem Walnussbaum durchgeht. Es könnte genauso gut sein, dass sich gerade eine Rabenkrähe ihr Frühstück vorbereitet. Rabenkrähen lieben nämlich Walnüsse über alles. Aber Walnüsse sind nun mal gut verpackt – zu gut, selbst für einen Krähenschnabel. Also lassen die cleveren Krähen die Nüsse so lange auf harten Boden fallen, bis die Schale knackt. In Japan sind einige Krähen noch raffinierter: Sie werfen die Nüsse an Ampeln auf die Straße, lassen sie von Autos überrollen und sammeln die Ernte ein, wenn die Ampel wieder auf Rot geschaltet hat und sie vor dem Autoreifen sicher sind. Ein genialer Trick, oder?

Bis dass der Tod sie scheidet?

Ob Elster oder Rabenkrähe, ob Dohle oder Eichelhäher – eines hat die ganze Rabenverwandtschaft gemeinsam: Wenn zwei sich gefunden haben, halten sie ein Leben lang zusammen wie Pech und Schwefel. Gemeinsam verteidigen sie ihr Revier gegen Eindringlinge und freche Katzen, gemeinsam tragen sie das Baumaterial fürs Nest zusammen und päppeln ihre Jungen auf. Das klingt wie eine Vogelehe aus dem Bilderbuch. Nicht im Bilderbuch steht allerdings, dass der Elstermann zwar ein fremdes Weibchen vertreibt, solange die seine in der Nähe ist. Falls sie aber gerade nicht hinguckt, macht er der fremden Vogelfrau schöne Augen …

Höhlen sind, was man draus macht

Wenn ein Krähen- oder Elsternpaar ein Nest bauen will, braucht es nur die richtige Astgabel und genügend Baustoff. Dohlenpaare aber können nur nisten, wenn sie eine passende Höhle finden. Ideal wäre ein verlassenes Spechtloch in einem morschen Baum – aber wo gibt es noch morsche Bäume? Beliebt sind auch Mauernischen in Kirchtürmen oder Ruinen – aber wo lässt das Bauamt noch Ruinen herumstehen? Und um die paar unvergitterten Kirchtürme kloppen sich schon die Verwandten. Aber zum Glück sind Dohlen flexibel: Wenn sich gar nichts anderes findet, tut's sogar ein Briefkasten.

Vorsicht Katze!

Für jeden Jungvogel ist das Leben voller Gefahren. Ganz besonders gefährlich aber ist es für Dohlenkinder. Sie haben nämlich keine Ahnung, wer gefährlich ist und wer nicht. Eine Katze zum Beispiel halten sie für ein interessantes Wesen – aber zum Glück »erzählen« ihnen die erwachsenen Dohlen beizeiten, dass das ein großer Irrtum ist. Die vertreiben die Katze mit viel Geschrei, und die Kleinen, die das mit ansehen, wissen von nun an: Katzen gehören zur Achse des Bösen.

Was macht ein Kolibri auf dem Balkon?

Kann ein Zitronenfalter Zitronen falten?

Jedes Jahr ab April melden sich bei Vogelwarten begeisterte Anrufer mit der Nachricht: »Ich habe einen Kolibri gesehen!« Doch was da im Schwirrflug vor den Geranien oder Petunien in der Luft »steht«, ist kein Vogel, sondern ein Schmetterling, genauer gesagt ein Taubenschwänzchen. Auf den ersten Blick könnte man den Kleinen tatsächlich für einen Kolibri halten: Sein schwarz-weiß gemustertes Hinterteil, das er beim Fliegen wie ein Steuerruder gebraucht, sieht aus wie ein Vogelschwanz. Und der lange Rüssel ähnelt wirklich einem langen dünnen Schnabel. Warum setzt sich das Taubenschwänzchen eigentlich nicht bequem hin, wenn es Nektar tanken will? Warum verheizt es seine Kräfte im Schwirrflug? Weil das sicherer ist! Wenn es aus gehörigem Abstand Nektar saugt, kann es von keiner noch so gut getarnten Krabbenspinne gepackt werden. Außerdem tankt es sich im Flug viel schneller: In fünf Minuten klappert ein Taubenschwänzchen über 100 Blüten ab!

INFO

Was zerschmettert der Schmetterling?

Ist der Name nicht total daneben? Ein Schmetterling ist so was Zartes, Schwereloses, dass man über so einen Namen nur den Kopf schütteln kann. Blättert man allerdings in unserer Geschichte ein wenig zurück, sieht die Sache schon anders aus: Rahm zu Butter schlagen hieß vor ein paar hundert Jahren in Ostdeutschland ‚schmetten'. Und weil Schmetterlinge sich gerne am Rahmtopf niederließen, hatten sie bald ihren Namen weg. In England benehmen sich die Schmetterlinge wohl genauso; jedenfalls heißen sie auch dort »butterfly« - »Butterfliege«.

Wie kommt der Nektar in den Falter?

Schmetterlinge haben das Trinken mit dem Strohhalm erfunden! Statt der gängigen Kieferzangen besitzen sie zwei Halbröhrchen, die der Länge nach mit einer Art Falznaht zusammengefügt sind. So ein Saugrüssel – der Rüssel des Taubenschwänzchens ist fast drei Zentimeter lang – wäre beim Fliegen ganz schön hinderlich. Deshalb liegt er normalerweise zur Schnecke aufgerollt unter dem »Kinn« der Falters. Erst wenn der Schmetterling mit den Fühlern Nektar erschnüffelt oder mit den Füßen (!) Nektar geschmeckt hat, wird das Wunderwerkzeug ausgerollt und in die Blütenröhre eingefädelt.

Schmetterlinge auf Reisen

Dass manche Vögel im Herbst fortziehen und erst im Frühjahr wieder zurückkommen, weiß jedes Kind. Dass es aber einige Schmetterlinge genauso machen, ist schon weniger bekannt. Einer dieser Wanderfalter lässt sich regelmäßig an den Balkonblumen blicken: Distelfalter (Foto rechts) vagabundieren von Nordafrika über Südeuropa bis Skandinavien umher und legen Eier, wo sie genügend Disteln als Futter für ihre Raupen finden. Und wenn es ihnen zu kalt wird, ziehen sie wieder nach Süden. Das heißt aber nicht, dass ein und derselbe Falter, der im April hier gelandet ist, sich im Herbst wieder auf den Weg nach Süden macht. Eine Schmetterlingswanderung funktioniert wie ein Staffellauf: Ein Falter wandert ein Stück des Wegs, legt Eier und stirbt. Seine Nachkommen aber setzen aber den Weg fort, als hätten sie einen geheimen Routenplan eingeimpft bekommen. Der Distelfalter, der irgendwann wieder in Nordafrika ankommt, ist vielleicht der Urururenkel des ersten Falters, der vor vielen Monaten von dort aufgebrochen ist.

Wohin verschwinden die Erpel im Sommer?

In Sack und Asche lebt man sicherer!

Im Winter und Frühjahr wimmelt es auf allen Parkteichen nur so von Stockenten: die Weibchen dezent braun, die Erpel farbenprächtig aufgebrezelt. Im Sommer sind die Teiche zwar immer noch voller Enten, aber weit und breit ist kein grüner Erpelkopf zu sehen. Alle abgewandert? Nein, nur undercover. Was da in Tarnfarben auf dem Parkteich herumdümpelt, sind außer den Weibchen mit ihren halbstarken Sprösslingen auch die Erpel. Sie haben nach und nach ihr buntes Kostüm verloren und tragen nun wie die Weibchen Braun – das einzig Richtige in ihrer Situation. Sie verlieren nämlich im Spätsommer fast auf einen Schlag sämtliche Schwungfedern und sind dann wochenlang flugunfähig. Und wer nicht fliegen und folglich nicht fliehen kann, sollte besser nicht auffallen. Erst im September, wenn sie wieder voll abheben können, werden sie wieder bunt.

Warum drücken sich die Erpel vorm Brüten?

Vier geschlagene Wochen lang sitzt die Ente allein auf den Eiern, ohne dass der Erpel sie ein einziges Mal ablösen würde. Die Arme? Nein, die Glückliche! Würde sich ihr knallbunter Galan aufs Gelege setzen, würde er nur Eierdiebe und Entenkiller auf das Nest aufmerksam machen. Lieber allein und sicher brüten als in Arbeitsteilung auf dem Präsentierteller.

Das Kinderzimmer im fünften Stock

Wer einen Balkon in Parknähe hat, könnte eines Tages womöglich eine Stockente zur Untermiete bekommen. Was bleibt dem armen Vogel auch anderes übrig? Die guten Nistplätze im Schilf oder Ufergestrüpp sind entweder randvoll belegt oder werden alle naselang von freilaufenden Hunden durchstöbert. Was liegt da näher, als ein paar Stockwerke höher nach Ersatzquartieren zu suchen? Flachdächer, Balkone und Innenhöfe liegen in Entenkreisen voll im Trend.

Solange die junge Mutter brütet, scheint die Idylle perfekt. Wenn aber die Jungen schlüpfen, fangen die Probleme an. Vor lauter Beschützerinstinkt bringt sich eine Entenmutter oft selbst in Gefahr: Ihre Kleinen können nicht fliegen, also »kann« auch sie nicht fliegen – sogar dann nicht, wenn's richtig brenzlig wird. Fast alle größeren Städte haben mittlerweile Enten-Einsatztrupps, die zu Hilfe kommen, wenn eine Entenfamilie wieder mal einen Verkehrsstau ausgelöst hat.

Wenn Enten aus dem letzten Loch pfeifen

Ab Spätherbst benehmen sich Stockenten, als hätten sie nicht alle Tassen im Schrank: Sie versammeln sich in Scharen auf dem Wasser, wo die Erpel eine Art Enten-Breakdance aufführen: Sie krümmen sich zusammen, bis die Schnäbel an der Brust kleben, pfeifen wie Teekessel und schütteln sich, als hätte sie ein Krampf befallen. Aber keine Sorge, das ist kein schwerer Fall von Vogelgrippe, sondern nur geselliges Balzen. Die Erpel zeigen sich nach Entenart von ihrer besten Seite, und die Weibchen zeigen sich beeindruckt – oder auch nicht. Jetzt haben sie jedenfalls die beste Auswahl unter all den schönen Männern.

Können Ohrwürmer kneifen?

Je enger und dunkler, desto gemütlicher

Jeder hat schon mal einen Ohrwurm gesehen – aber viele Menschen trauen den seltsamen Insekten nicht so recht. Da sitzen doch diese bedrohlichen Zangen an ihrem Hinterteil. Können sie damit nicht zupacken? Stimmt, das können sie – aber nicht uns Menschen. Sie benutzen ihre Zangen zum Beispiel, um ihre Weibchen »in die Zange« zu nehmen. Wenn sie sich bedroht fühlen, krümmen sie ihr Hinterteil wie ein Skorpion und schlagen mit den Zangen um sich. Nimmt man einen Ohrwurm vorsichtig zwischen zwei Finger, bekommt man diese Show zu sehen. Und wenn man dann das kleine Insekt erschrocken fallen lässt, hat der Kleine wieder mal sein Ziel erreicht: Er ist frei – ganz ohne Zwicken, nur mit leeren Drohungen.

Ohrwürmer sind Mustermütter!

Während die meisten Insekten ihre Eier einfach auf die richtige Futterpflanze setzen und ihren Nachwuchs dann sich selbst überlassen, haben Ohrwurm-Larven eine richtig behütete Kindheit. Ihre Mutter gräbt extra eine kleine Grube, in die sie ihr Gelege deponiert. Ständig dreht und wendet sie dann die Eier und passt auf, dass sie nicht verpilzen. Und wenn das Ohrwurmnest zu trocken wird, trägt sie ein Ei nach dem anderen in einen besseren Schlupfwinkel – fast wie eine Katze, die ihre Jungen an einen sichereren Platz trägt.

Können Ohrwürmer fliegen?

Wenn man sich die lächerlich kleinen Flügeldeckchen auf ihrem Rücken ansieht, würde man drauf wetten, dass Ohrwürmer nicht mal vom Boden hochkommen. Die Überraschung ist riesig, wenn sie mit ihren Zangen etwas umständlich große durchsichtige Flügel auspacken, die unter den winzigen Deckeln verstaut waren, wenn sie diese Flügel auseinanderfalten und schließlich in gestreckter Haltung einrasten lassen. Die Vorbereitungen dauern ihre Zeit, aber danach sind sie startklar!

Was sucht der Ohrwurm im Blumentopf?

Ohrwürmer fühlen sich am wohlsten, wenn sie sich rundum anlehnen können. Deshalb verkriechen sie sich gerne unter Brettern, in Ritzen – oder eben in den strohgefüllten, umgedrehten Blumentöpfen, die ihnen viele Hobbygärtner als Unterschlupf anbieten (Foto Seite 20). Diese »Ohrwurmhäuschen« stellen Gärtner allerdings nicht aus reiner Tierliebe auf; sie hoffen, dass ihnen die kleinen Untermieter helfen, die unzähligen Blattläuse ein wenig zu dezimieren. Ein einziger Ohrwurm kann nämlich in einer Nacht bis zu 100 Blattläuse vertilgen. Was der Hobbygärtner womöglich nicht weiß: Einige Ohrwurmarten finden auch Grünzeug sehr lecker …

Wie halten unsere Tiere diesen Krach nur aus?

Zu Hause zwischen quietschenden Bremsen, Hupen und Motorengedröhn

Die Amsel, die neben der Stadtautobahn nach Krabbeltieren sucht, scheint der Beweis zu sein: Tieren macht der Stadtlärm nichts aus. Oder etwa doch? Wissenschaftler haben nachgezählt und festgestellt, dass neben verkehrsreichen Straßen deutlich weniger Singvögel brüten als an ruhigeren Orten. Aber was hat dann die Amsel im Verkehrsgetöse zu suchen? Hätte sie die Auswahl, würde sie ihre Regenwürmer sicherlich lieber in einem lauschigen Winkel im Park aus dem Boden ziehen, aber dort ist leider schon die Konkurrenz auf Wurmsuche. In der Not frisst eben der Teufel Fliegen – und die Amsel Regenwürmer direkt neben der Stadtautobahn.

Heuschrecken im Stoßverkehr

Während manche Tiere am Straßenrand ein recht angenehmes Leben führen, kommen andere dort überhaupt nicht zurecht. Feldheuschrecken zum Beispiel haben im Verkehrslärm keine Chance. Die Heuschreckenmännchen können weder ihre Lautstärke hochschrauben noch ihre Tonhöhe anheben, um das Verkehrsgetöse zu übertönen. Maulwurfsgrillen dagegen fühlen sich vom Lärm mancher Maschinen sogar angezogen: In den Geräuschen sind Elemente enthalten, die wie das surrende Zirpen ihrer Balzgesänge klingen. Sollten die Grillen allerdings vor lauter Begeisterung über die vermeintlichen Lockgesänge die »echten« Partner überhören, werden auch die Maulwurfsgrillen über kurz oder lang aus maschinendurchlärmten Gebieten verschwinden.

INFO

Hört mir überhaupt jemand zu?

Mit Wichtigtuerei hat es nichts zu tun, wenn Tiere »Wert darauf legen«, dass man sie hört. Ein Amselhahn, dessen Stimme im Verkehrslärm untergeht, kann weder ein Revier gegen Rivalen verteidigen noch ein Weibchen für sich begeistern. Ein verloren gegangenes Gänseküken, dessen verzweifelter Ruf nach seinen Eltern von Maschinengetöse übertönt wird, ist verloren. Und eine Fledermaus, deren Echolotrufe vom städtischen Grundrauschen geschluckt werden, würde verhungern. Tiere müssen entweder Mittel und Wege finden, sich der städtischen Geräuschkulisse zum Trotz Gehör zu verschaffen. Oder sie müssen abwandern.

Lärmtest für Wildtiere

Warum kommen viele Tiere mit Stadtlärm so gut zurecht? Weil Lärm an sich nichts Unnatürliches ist. Auch pfeifender Wind im Gebirge, raschelndes Schilf oder rauschende Bäche bringen es auf etliche Dezibel. Mit solchen Störgeräuschen haben sich Tiere seit jeher arrangiert.

Startbahn frei … für Stare!

Ausgerechnet die Gegenden, wo der Verkehrslärm Spitzenwerte erreicht, sind bei Vögeln ungemein populär: die Flughäfen. Auf manchen Flughäfen sind es im Jahresverlauf bis zu 100 Vogelarten, die zwischenlanden, Futter suchen oder sogar brüten. Doch im Grunde ist der Vogelreichtum an Flughäfen gar nicht so verwunderlich. Die meisten Vögel lernen nämlich schnell, dass die stählernen Riesenvögel nur auf bestimmten Streifen abheben und landen und sie ansonsten nicht behelligen. Und der ohrenbetäubende Lärm? Der bringt die Vögel kaum aus dem Konzept, weil er ja zwischendurch immer wieder abebbt. Alles was Vögel per Stimme zu regeln haben, erledigen sie in den geräuschärmeren Pausenzeiten zwischen den Starts und Landungen.

Was macht der Regenwurm im Regen?

Wann ist ein Hobbygärtner glücklich? Wenn der Wurm drin ist.

Kommt der Wurm an die Erdoberfläche, weil er Angst hat, ein Wolkenbruch könnte ihn in seiner Röhre ertränken? Wohl kaum; Regenwürmer fühlen sich nämlich im Wasser pudelwohl. Wahrscheinlich kriechen sie bei Regenwetter nur deshalb ins Freie, weil sie etwas gründlich missverstanden haben: Das Trommeln der Tropfen klingt nämlich so ähnlich wie die Grabgeräusche eines Maulwurfs – und vor Maulwürfen bringt man sich besser in Sicherheit. Also nichts wie raus aus der Erde! Die Urangst der Regenwürmer vor dem Maulwurf machen sich Drosseln zunutze. Sie hopsen mit besonders viel Nachdruck auf dem Boden herum. Prompt kommen wenig später Regenwürmer zum Vorschein – und müssen nur noch abgeräumt werden.

Ab ins Sommerloch!

Wenn man im Sommer in der angetrockneten Erde herumwühlt, stößt man hier und da auf merkwürdige Regenwürmer: Sie sind aufgewickelt wie Kabelrollen und das Kopfende ist säuberlich ins Innere der Rolle hineingesteckt. Das eigenartige Gebilde ist ein Wurm im Sommerschlaf. Wenn es zu warm und zu trocken wird, gehen Regenwürmer auf Tauchstation; sie ziehen sich in tiefere Erdschichten zurück, stemmen sich dort eine kleine Höhle frei und verputzen die Höhlenwände mit ihrer eigenen Sch … Das klingt ein bisschen unappetitlich, ist aber genial. Die selbst gemachte Tapete sorgt dafür, dass der Wurm nicht austrocknen kann. In diesem Biwak verknotet er sich dann kunstgerecht (kompakt verpackt ist er nämlich *noch* besser gegen Austrocknen geschützt) und meldet sich für die nächsten Wochen ab. Erst wenn der Regen seine Höhle aufweicht, wacht er wieder auf.

Warum so lichtscheu?

Normalerweise kommen Regenwürmer nur nachts oder bei bedecktem Himmel an die Oberfläche und dafür gibt es gute Gründe: UV-Strahlung im Sonnenlicht kann sie nämlich töten. Der einzige der 39 bundesdeutschen Regenwurmarten, der sich – UV hin oder her – auch tagsüber wenigstens mit dem Vorderende ans Licht wagt, ist der Große Tauwurm. Übrigens ein Riese, der 30 Zentimeter lang wird, so lang wie ein Schullineal! Den Weg ans Licht überlebt er unbeschadet, weil sein Vorderende auffallend dunkel ist. Der dunkle Farbstoff funktioniert wie eine Teilkörpersonnenbrille und schützt ihn vor der UV-Strahlung.

Am liebsten gut abgehangen

Wer hat schon mal einem Regenwurm ins Maul geschaut? Wohl niemand, denn mehr als eine kleine Öffnung am vorderen Ende ist nicht zu entdecken. Völlig klar: Mit so einer winzigen Schnute kann auch der hungrigste Regenwurm keine Blätter und Gräser kauen. Dass er das Zeugs schließlich doch in seinen Magen hineinbekommt, verlangt ein wenig Vorarbeit: Der Wurm saugt sich dafür zunächst an abgefallenen Blättern fest wie der Saugnapf an der Badezimmerkachel, zieht seine Beute in einen seiner Gänge hinunter – und wartet ab. Nach einiger Zeit hat das Milliardenheer aus winzigen Bodentierchen die Blätter so weit zersetzt, dass sie fast zerfallen. Der Regenwurm muss dann den nahrhaften Brei nur noch aufschlürfen.

Ist ein Marienkäfer mit sieben Punkten sieben Jahre alt?

In Sack und Asche lebt man sicherer!

Nein, ganz falsch. Die wenigsten Marienkäfer werden älter als ein Jahr. Die Punkte sind einfach nur ein Muster, und jede Marienkäferart hat ihr eigenes Design. Die einen sind gelb mit schwarzen Punkten, andere tragen rote Tupfen auf schwarzem Grund, wieder andere haben nur zwei Punkte oder sind mit so vielen Punkten übersät, als hätten sie Sommersprossen. An die 80 Arten gibt es allein in Mitteleuropa! Und wenn ein Marienkäfer überhaupt keine Punkte hat, ist er dann krank? Nein, er ist frisch geschlüpft! Manchmal dauert es zwei Tage, bis aus dem blässlichen »neugeborenen« Insekt ein hübscher Käfer geworden ist.

Was hat die Jungfrau Maria mit einem Käfer zu tun?

Ihren himmlischen Namen haben die Käfer merkwürdigerweise wegen ihrer Gefräßigkeit bekommen: Nicht nur die Larven, sondern auch die erwachsenen Käfer finden nämlich Blattläuse zum Anbeißen. Pro Tag verputzt jeder Marienkäfer 100 bis 150 Stück! Diese Vorliebe machte den Kleinen schon bei unseren Vorfahren beliebt. Und weil das Gute bekanntlich von oben kommt, waren sie überzeugt, dass die kleinen Krabbeltiere im Auftrag der Jungfrau Maria auf Fress-Tour gingen.

Abflug marsch!

Ein Marienkäfer ist nicht gerade ein Blitzstarter. Bevor er abheben kann, muss er zuerst ein wenig umständlich seine Vorbereitungen treffen. Zuerst lupft er die schwarz gepunkteten Flügeldecken, klappt dann das durchsichtige Flügelpaar auf, das raffiniert zusammengelegt darunter liegt – fast wie ein Schweizer Taschenmesser, das aus seinem Gehäuse schnalzt –, und lässt dann die Flügel in gestreckter Position einrasten. Jetzt erst kann er davonschwirren. Und wenn er gelandet ist, läuft die ganze Prozedur rückwärts ab. Zum Schluss helfen noch die beiden hintersten Beine nach, bis die durchsichtigen Flügel wieder schön ordentlich zusammengefaltet unter ihren gepunkteten Deckeln verstaut sind.

Wie sehen Marienkäferkinder aus?

Marienkäferlarven – stahlblaue, borstige kleine Monster mit gelben Bauchbinden – sind nicht gerade hübsch (Foto unten). Dass sie bei Gärtnern trotzdem so beliebt sind, liegt an ihrem unbändigen Hunger auf Blattläuse. Mit der Präzision eines Rasenmähers fressen sie sich durch die Blattlauskolonien. Manche Marienkäferlarven mampfen während der drei bis vier Wochen ihrer Entwicklungszeit 400 Läuse!

Leichte Beute?

Marienkäfer sind kaum zu übersehen. Wenn sie in ihrem knallroten oder leuchtend gelben Dress über Halme und Blätter marschieren, wirken sie geradezu frech. Muss nicht jeder Vogel den Käfer auf den ersten Blick entdecken? Mag sein, aber fressen wird er ihn trotzdem nicht ohne Weiteres. Marienkäfer schmecken nämlich richtig widerlich. Wenn sie in die Enge getrieben werden, schwitzen sie an den Beingelenken eine orangefarbene Flüssigkeit aus, die so ähnlich zusammengesetzt ist wie Brennnesselgift. Vögel finden so einen kleckernden Käfer einfach zum K …!

Wird es Schwänen auf dem Eis nicht kalt?

Schwergewichte auf dem Wasser

Müssten Schwäne, Enten und Gänse sich nicht fürchterlich erkälten, wenn sie barfuß auf dem Eis stehen? Ihre tiefgekühlten Füße müssten doch jeden Funken Wärme aus ihrem Körper herausziehen, oder? Das tun sie aber nicht, denn alle Wasservögel haben eine raffinierte Vorrichtung in den Beinen: eine Art Wärmetauscher. Das abgekühlte Blut, das von den Füßen Richtung Herz fließt, kommt hautnah an den Adern vorbei, die warmes Blut in die Beine hinunterbringen. So wird das abgekühlte Blut vorgewärmt, das warme Blut aber wird vorgekühlt. Der Effekt: Auch wenn Wasservögel mit buchstäblich eiskalten Füßen auf dem gefrorenen See stehen, haben sie es »obenherum« mollig warm.

Hässliche Entlein?

Von wegen. Schwanenkinder sind bildschön. Wenn sie gerade aus dem Ei gekrochen sind, sehen sie aus wie Wattekugeln. So klein Schwanenküken auch sind, sie können ihren Eltern sofort folgen – ganz anders als zum Beispiel frisch geschlüpfte Meisen oder Amseln. An Wasserpflanzen kommen sie mit ihren kurzen Hälsen zwar noch nicht heran, aber das macht nichts. Fürs Erste tauchen ihnen die Eltern das Futter herauf. Und wenn sie müde sind, können sie sich unter den Flügeln ihrer Eltern verkriechen. Dort sind sie absolut sicher – denn wer würde sich schon mit einem Schwan mit Jungen anlegen?

Startbahn frei für den Jumbo-Jet

Höckerschwäne sind ganz schöne Brummer: Ein ausgewachsener Schwan kann ohne Weiteres so schwer werden wie ein fünfjähriges Kind. Das kann dauern, bis so ein Schwergewicht endlich in der Luft ist. Ohne Startbahn geht jedenfalls gar nichts. Wenn Schwäne losfliegen wollen, schwimmen sie meistens an ein Ende des Teiches, damit sie möglichst viel Wasserfläche vor sich und den Wind gegen sich haben. Mit Gegenwind bekommen sie nämlich schneller Luft unter die Flügel. Dann laufen sie mit gewaltigen Flügelschlägen heftig platschend übers Wasser. 100 Meter ist das Minimum für eine Schwanen-Startbahn, sonst muss das Vorhaben abgebrochen werden.

Der Vogel der Fürsten

Dass Schwäne heute auf jedem Parkteich herumpaddeln, haben wir Fürsten und Adelshäusern zu verdanken: Die Herrschaften wollten auf ihren Teichen gerne etwas Majestätisches fürs Auge haben und ließen sich zu diesem Zweck Höckerschwäne aus Asien kommen. Wenn ein Höckerschwan mit aufgestellten Flügeln und elegant gebogenem Hals durchs Wasser rauscht, ist er in der Tat ein königlicher Anblick. Dabei ist er eigentlich nur in Stinkestimmung. Sein Gehabe ist eine klare Ansage an Eindringlinge und bedeutet: »Kollege, wenn du nicht auf der Stelle verschwindest, gibt's eins auf die Mütze!«

Warum singen Vögel?

Im Frühling können Vogelmännchen einfach nicht den Schnabel halten.

Genau genommen singen ja nur die Vogelmännchen – aber warum? Weil's ihnen Spaß macht? Nein, der Amselhahn, der unübersehbar auf der Fernsehantenne thront und sein Lied flötet, ist nicht einfach gut drauf; er macht eine klare Ansage: »Das gehört alles mir! MEIN Garten! MEINE Regenwürmer!« Andere Männchen wissen sofort Bescheid: »Verflixt! Schon besetzt!« Und die Amseldamen sind ebenfalls im Bilde: »Perfekt! Ein Mann mit Grundbesitz, der meine Jungen ernähren kann!« Vor allem aber erkennen sie am Gesang, ob da der Richtige singt. Ein noch so schön singender Buchfinkenmann würde sie nicht beeindrucken. Nur ein flötender Amselmann bringt sie in Stimmung.

Gesang oder Geräusch?

Nicht alles, was Vogelmännchen singen, ist für unsereins ein Ohrenschmaus. Hausrotschwanzmänner klingen, als hätten sie einen Frosch im Hals und müssten sich räuspern. Girlitze (Foto) lassen es scheppern, als wäre ein Schlüsselbund zu Boden gefallen. Und was Spatzen für Gesang halten, klingt für unsere Ohren wie eintöniges Tschilpen. Aber eigentlich ist es ja egal, was wir davon halten; die Aufführung muss ja nicht uns gefallen, sondern der umworbenen Damenwelt.

Woher weiß ein Vogel, was er singen muss?

Er muss es lernen, genauso wie unsereiner Vokabeln pauken muss. Und da sie den eigenen Vater oder auch den Reviernachbarn ständig vor Ohren haben, lernen sie automatisch die »richtige« Strophe, das richtige Lied. Manche Vögel allerdings geben sich nicht mit den väterlichen Flötentönen zufrieden; sie peppen das Lied mit allem Möglichen auf, das ihnen zu Ohren kommt. Besonders Stare (Foto) sind Meister des Plagiats: Da wird von Katzenmiauen über Reifenquietschen bis zu Handyklingeltönen und Schiedsrichterpfeifen so ziemlich alles in den Gesang eingebaut, was sie aufschnappen können.

Auch Buchfinken können Bayerisch

Wenn man einem Buchfinken in München genau zuhört und dann einen Buchfinken aus Hamburg belauscht, wird man Erstaunliches feststellen: Die beiden singen Dialekt. Der Hamburger Buchfink singt zum Abschluss seiner Strophe einen deutlich anderen Schnörksel als der bayerische. Aber die beiden Vogellieder sind sich noch ähnlich genug, dass sich die beiden gegenseitig als Artgenossen erkennen würden.

Aus Gesang wird Gebrüll

Wie soll man sich als Vogelmännchen auf Brautschau eigentlich noch Gehör verschaffen, wenn rundum die Reifen quietschen, die Autofahrer hupen und die Straßenbahnen klingeln? Wenn's nicht anders geht, dann mit Gebrüll. In Berlin singen Nachtigallenmännchen (jawohl, die gibt's! Mitten in der Stadt!) um 14 Dezibel lauter als draußen auf dem Land. Kohlmeisenmännchen setzen nicht auf Lautstärke, sondern lieber auf Tonhöhe: In der Stadt kreischen sie buchstäblich in den höchsten Tönen. Und Rotkehlchen, die mit ihren zarten Stimmen beim besten Willen nicht durchdringen würden? Die verlegen ihren Gesang in die ruhigen Nachtstunden.

Voller Bauch singt nicht gern

Wo bis ins Frühjahr gefüttert wird, lassen sich Kohlmeisenmänner morgens im Schnitt 20 Minuten länger Zeit, bevor sie anfangen zu singen – und das könnte Folgen haben: Forscher vermuten, dass die Weibchen solcher Schlaffis besonders oft fremdgehen!

Warum sind Autos unter Bäumen klebrig?

Das Heer der Unersättlichen

Weil Blattläuse nichts mit Zucker anfangen können. Blattläuse leben von Pflanzensaft – einem Drink, den sie ohne großen Aufwand bekommen können. Sie bohren dafür einfach nur ihre Rüssel in die Saftleitungen von Bäumen, Sträuchern und Kräutern und lassen das Nährsüppchen in sich hineinströmen. Dummerweise enthält der Saft zwar jede Menge Zucker, aber nur wenig Eiweiß, und ausgerechnet Eiweiß brauchen Blattläuse reichlich. Damit sie trotzdem auf ihre Kosten kommen, müssen sie unglaubliche Mengen Pflanzensaft trinken; das Eiweiß verdauen sie, den überflüssigen Zucker aber scheiden sie wieder aus. Wenn nun gerade ein Auto unter einer Blattlaus-Kolonie parkt, bekommt es eine Ladung klebrigen Zuckerguss verpasst, an dem Blätter hartnäckig kleben bleiben.

Manche mögen's süß

Wo Blattläuse sitzen, sind Ameisen nicht weit (Foto rechts). Aber sie erbeuten die Läuse nicht etwa, sie holen sich nur das ab, was die Blattläuse nicht brauchen können: den überschüssigen Zucker. Die Ameisen betrillern mit ihren Fühlern das Hinterteil einer Blattlaus, die daraufhin ihr Gesäß in die Höhe reckt und ein klares Tröpfchen absondert. Das saugt die Ameise sofort auf. Was für die eine Abfall ist, das ist für die andere erstklassige Verpflegung.

Die Blattlauslawine

Könnte sich eine einzige Blattlausmutter einen Sommer lang bei idealem Wetter ungestört vermehren und würden alle Nachkommen überleben, dann würde aus dieser einzigen Blattlaus ein Heer von 170 Billionen Läusen hervorgehen!

Käfer, marsch

Wenn Marienkäfer so einen Riesenappetit auf Blattläuse und andere Pflanzensauger haben, könnte man dann nicht die Käfer statt der chemischen Keule gegen die Läuse antreten lassen? Auf diese schlaue Idee kamen Wissenschaftler schon vor fast 100 Jahren. Anfangs wurden sie verspottet, doch als 50 Jahre später ein wahres Schildlausheer über kalifornische Orangenplantagen herfiel, erinnerte man sich an die kleinen Käfer mit dem großen Appetit und setzte Marienkäfer aus. Die Käfer taten, was man von ihnen erwartete, die Orangen waren gerettet. Heute haben sich Spezialfirmen darauf verlegt, Marienkäfer und andere Blattlausjäger im großen Stil zu züchten und die Larven im Internet anzubieten. Wer Blattlausärger im Garten hat, muss nur noch online bestellen.

Mehret euch und seid fruchtbar

Wenn man sich im Frühjahr saftige Pflanzenstängel genau ansieht, entdeckt man hier und da ein paar Blattläuse. Doch schon wenige Wochen später sind dieselben Stängel von dicken Schichten saugender, schlemmender Krabbeltiere überzogen. Wo um Himmels willen kommen die denn alle her? Die Blattläuse haben sich einfach mit lawinenartiger Geschwindigkeit vermehrt. Blattläuse haben nämlich die jungfräuliche Geburt erfunden. Sie können sich den Sommer über die zeitaufwendige Suche nach Partnern sparen, sie müssen nicht mal Eier legen, sondern bringen einfach lebende Junge auf die Welt. Die Jungen ihrerseits können schon nach 10 Tagen auch wieder Junge in die Welt entlassen – mehr, immer noch mehr, bis schließlich die ganze Pflanze von einer lebenden Hülle überzogen ist.

Haben Glühwürmchen einen Lichtschalter?

Geisterhafte Glimmerlichter im Stadtpark

Im Grunde müssen sie nur Luft in ihren Körper hineinlassen, wenn sie leuchten wollen. Sobald nämlich der Luftsauerstoff in spezielle Leuchtzellen in ihrem Hinterteil strömt und dort auf eine Substanz namens Luciferin trifft, entsteht Licht – also ganz ohne Lichtschalter. Und wenn das Glühwürmchen die Luftzufuhr in diese Zellen drosselt, geht das Licht wieder aus. Um eines können wir die Glühwürmchen nur beneiden: Sie haben den Dreh raus, zu leuchten, ohne sich aufzuheizen; sie erzeugen »kaltes Licht«. Bei unseren herkömmlichen Glühbirnen ist es umgekehrt. Sie heizen sich gewaltig auf, und nur ein bisschen Restenergie wird noch als Licht sichtbar. An Glühbirnen verbrennt man sich sofort die Hände, ein leuchtendes Glühwürmchen aber bleibt immer cool.

Wozu die Beleuchtung?

Wenn in warmen Sommernächten an Wegrändern und in wilden Winkeln grünlich leuchtende Punkte glimmen, geht's natürlich wieder mal um das eine: um die Fortpflanzung. Wer da im Gras leuchtet, sind die Weibchen auf Partnersuche. Wie aber findet man einen Partner, wenn es ringsum stockdunkel ist und man nicht mal Flügel hat, um sich auf die Suche zu machen? Am besten, man greift zu Leuchtreklame. Die Weibchen geben sozusagen eine strahlende Kontaktanzeige auf und wedeln dazu noch mit ihrem leuchtenden Hinterteil. Von Weitem sieht das dann so aus, als würden sie beständig das Licht auf- und abdimmen. Die Männchen, die auf Partnerinnensuche über die Wiese schwirren, sehen schon von Weitem das vielversprechende Glimmen und peilen es an wie das Flugzeug die beleuchtete Landebahn. Endlich haben sie ihr Ziel erreicht!

Auf der Schleimspur unterwegs

Glühwürmchenlarven haben eine lange Kindheit: Bis zu drei Jahre brauchen sie, bis sie sich zum fertigen Insekt entwickelt haben. In dieser Zeit machen sie sich bei Hobbygärtnern ungemein beliebt. Glühwürmchenlarven gehen nämlich systematisch auf die Schneckenjagd. Wie Jagdhunde verfolgen sie die Schleimspur ihrer Opfer, spritzen ihnen dann Gift ein, das die Beute inwendig auflöst, und saugen schließlich das Nährsüppchen auf.

Ein Nachtlicht im Kinderzimmer

Glühwürmchenlarven sehen aus, als trügen sie ein Kettenhemd. Unauffällig braunschwarz, wie sie sind, werden sie leicht übersehen. Doch wenn man sie anstupst, passiert etwas Seltsames: Sie glimmen auf, ganz ähnlich wie die erwachsenen Glühwürmchen. Aber wozu? Warum machen die Larven mit ihrem Geflimmer auf sich aufmerksam, statt sich noch schnell klammheimlich zu verdrücken? Weil sie es sich leisten können. Glühwürmchen und ihre Larven schmecken nämlich eklig oder sind sogar giftig. Wenn eine Larve einen Störenfried anglimmt, erinnert sie ihn an vorausgegangene schlechte Erfahrungen: »Wenn du mich frisst, garantiere ich für nichts! Denk dran, wie k***übel dir das letzte Mal war, als du dir einen Glimmersnack genehmigt hast.«

Ein Würmchen, das keins ist

»Glühwürmchen« nennen wir die lebendigen Irrlichter, obwohl sie mit Würmern nichts zu tun haben. Zwar haben die Weibchen entweder nur Flügelstummel oder gar keine Flügel und sehen tatsächlich wie Würmer aus; trotzdem sind sie richtige Käfer, genauer gesagt Leuchtkäfer.

Wie weit kann ein Eichhörnchen springen?

Schwindelfrei und nicht zu stoppen

Wenn man einem Eichhörnchen zusieht, wie es den Baum raufflitzt, sich kopfüber am Stamm runterhangelt oder mit einem Riesensatz zum meterweit entfernten Nachbarbaum rüberschnellt, könnte einem schwindlig werden. Die sportlichsten Hörnchen sollen Sätze von bis zu vier Metern schaffen – ungefähr 16-mal so weit wie ihre eigene Körperlänge! Das wäre ja so, als würde unsereins 27 Meter weit … Nein, lassen wir die Vergleiche lieber. Eichhörnchen haben nämlich eine Sprungtechnik drauf, die wir beim besten Willen nicht nachmachen können. Sie spreizen im Sprung die Vorder- und Hinterbeine und stellen den buschigen Schwanz ab, als wären sie lebendige Fallschirme. Wenn ein Baummarder hinter ihnen her ist, kann ihnen dieser Trick das Leben retten, denn notfalls lassen sich die Fallschirmspringer einfach aus dem Baumwipfel fallen.

Das Tier mit dem Rückspiegel

Eichhörnchen sind Bewegungsgenies. Kein Baum ist ihnen zu glatt, (fast) kein Sprung zu weit. Im Baum kann ihnen fast kein Feind gefährlich werden – vorausgesetzt, sie sehen ihn rechtzeitig. Aber zum Glück haben sie ja Rückspiegel: Ihre dunklen Knopfaugen, die wir so niedlich finden, sitzen seitlich so am Kopf, dass sie auch das genau sehen, was sich hinter ihrem Rücken abspielt. Der Spruch »Hinten hab' ich keine Augen« stimmt zumindest für Eichhörnchen nicht so ganz.

Klettern wie ein Gecko

Eichhörnchen an der Hauswand sind keine Fata Morgana, sondern ein gar nicht so seltener Anblick. Wände sind für ein fittes Hörnchen ein Spaziergang: Wenn die Kletterprofis ihre spitzen Krallen in feinste Mauerritzen haken und ihre Körper an die Wand drücken, als wären sie Geckos, klettert es sich für sie an rauem Putz auch nicht schwerer als an rauer Rinde. Der Anstieg lohnt sich: Fast auf jedem Balkon wartet ein Vogelhäuschen mit erstklassiger Verpflegung. Besonders mutige Hörnchen trauen sich sogar durch offene Fenster und plündern den Obstkorb. Und wenn die Augen größer waren als der Magen? Macht nichts. Eiserne Reserven für schlechte Zeiten verbuddeln die Nager gerne in den Blumenkästen – unbehelligt von Hunden, Katzen und Spaziergängern.

Wie findet das Eichhörnchen seine Nüsse?

Eichhörnchen lieben Nüsse, das ist bekannt. Und sie bunkern Vorräte für schlechte Zeiten – auch das weiß jeder. Aber wie finden sie ihre Schätze wieder? Haben sie einen Lageplan im Kopf? Oder markieren sie die Stellen, wo sie ihre Delikatessen verbuddelt haben? Nein, sie haben sich nichts gemerkt und nichts markiert. Sie suchen einfach dort, wo man als Eichhörnchen gerne Vorräte versteckt: am Fuß von Bäumen zum Beispiel, in Lücken unter Wurzeln, in Baumhöhlen oder in Rindenspalten. Außerdem haben die Hörnchen ein sehr sensible Nase. Haselnüsse erschnüffeln sie noch aus 30 Zentimeter Entfernung. Doch trotz Super-Riecher und fleißiger Suche finden sie viele Nüsse nie wieder. So mancher Haselnussstrauch, der mitten im Buchenwald wächst, stammt aus dem verschusselten Futterdepot eines Eichhörnchens.

Lieber der Spatz in der Hand? Oder die Taube auf dem Dach?

Ratten der Lüfte?

Oder geflügelte Genies?

Wenn man einen Mitarbeiter der Stadtverwaltung nach seiner Wahl fragen würde, er würde die Taube sicherlich entschieden ablehnen. Bitte nicht NOCH eine weitere Taube auf dem Dach – zusätzlich zu den Tausenden, die schon in jeder Stadt dieser Welt zu Hause sind. Aber warum so feindselig? Weil jede Taube in einem einzigen Jahr Häuser, Straßen und Denkmäler mit rund 12 Kilogramm Kot bekleckert? Weil beispielsweise die Stadt München mit ihren rund 40.000 Tauben Jahr für Jahr gegen geschätzte 480 Tonnen Taubenmist ankämpft? Weil Bürger befürchten, dass Parasiten, Flöhe und Krankheiten von den Vögeln übertragen werden? An all diesen Vorwürfen ist vermutlich was dran – aber sie lassen leicht vergessen, dass Tauben faszinierende Tiere mit verblüffenden Fähigkeiten sind.

Auch Friedenstäubchen haben mal Zoff

»Die turteln wie die Täubchen«, sagt man von Liebespaaren. Schon die alten Griechen waren überzeugt, Tauben seien besonders liebevoll und sanftmütig; in der Bibel erschien der Heilige Geist als Taube; Noah wählte unter den vielen Tieren ausgerechnet eine Taube als Berichterstatter aus; und das Symbol der Friedensbewegung ist seit mindestens 30 Jahren eine weiße Taube. Aber sind Tauben überhaupt so friedlich oder täuschen wir uns da nicht gewaltig? Eine Stadttaube hat ungefähr 2.000-mal im Jahr Streit mit Artgenossen. Und wenn zwei Tauben, die sich nicht leiden können, im selben Flugkäfig leben müssen, wird es für das schwächere der beiden Friedenstäubchen lebensgefährlich.

Babybrei – eine Erfindung der Tauben

Egal, um welche Tierart es geht: Alle Jungtiere brauchen bestes, eiweißreiches Futter, damit sie sich gesund entwickeln. Die meisten Vögel versorgen ihre Sprösslinge mit Eiweiß, indem sie ihnen massenweise Insekten, Spinnen oder Raupen in die Schnäbel stopfen. Sogar Vögel, die selbst Vegetarier sind – Goldammern, Buchfinken oder Dompfaffen –, gehen für ihre Kinder auf die Insektenjagd. Die Sache hat nur einen Haken: Ausreichend kleine Krabbeltiere sind nur in der warmen Jahreszeit zu finden – ein guter Grund, warum Vogeljunge normalerweise im Frühjahr und Sommer aufwachsen. Bei Tauben aber ist das anders: Statt auf die Insektenjagd zu gehen, ziehen sie ihre Jungen (Foto links) mit einer Art Milch auf. Kurz vor dem Schlüpfen der Küken bildet sich im Kropf der Eltern eine weißliche Masse, die wie Quark aussieht und viel Fett, Eiweiß und Vitamine enthält. Diese Kropfmilch holen sich die Jungen in ihren ersten Lebenstagen bei den Altvögeln ab. Sie müssen nur den Kopf in den Hals der Eltern stecken – und genießen.

Dumm und gefräßig? Von wegen!

Dass Raben und Papageien schlau sind, weiß jeder. Aber wer hätte gewöhnlichen Straßentauben zugetraut, dass sie sich 275 verschiedene Muster merken können? Und dass sie vertraute Menschen auch dann erkennen, wenn die sich verkleidet haben? Sind Straßentauben verkannte Intelligenzbestien?

INFO

Das Navi im Kopf

Wenn wir das könnten, was Tauben können, bräuchten wir kein Navi. Tauben sind nämlich nicht nur tolle Flieger, sie sind außerdem imstande, aus bis zu 1.000 Kilometer Entfernung sicher wieder nach Hause zurückzufinden. Die Vögel prägen sich Flüsse, Berge und andere auffallende Merkmale genau ein; zudem merken sie sich, welche Gerüche ihnen unterwegs begegnet sind, und speichern dann eine Art Geruchslandkarte im Kopf ab. Außerdem können sie das Magnetfeld der Erde wahrnehmen, als hätten sie einen eingebauten Kompass; und schließlich können sie sich am Stand der Sonne und der Sterne orientieren und zurechtfinden. Alles zusammen ergibt einen Orientierungssinn, von dem wir nur träumen können.

Was macht den Spatz zum Dreckspatz?

Auf Erfolgskurs seit der Steinzeit

Jeder hat sicher schon mal gesehen, wie sich Spatzen begeistert im Staub baden (Foto Seite 41). Mit sichtlichem Genuss wühlen sie sich bäuchlings in die pudrige Erde, verteilen sie flügelschlagend im Gefieder, schütteln sie wieder heraus und fangen das ganze Spiel gleich noch mal von vorne an. (Auch andere Singvögel, aber insbesondere Hühnervögel – z. B. auf einem Bauernhof – kann man bei diesem Verhalten beobachten.) Für uns Ahnungslose sieht das vielleicht so aus, als würden sich die Spatzen richtig einferkeln, aber das Gegenteil ist der Fall: Der Staub vertreibt die Parasiten aus dem Gefieder und wirkt außerdem wie eine Art Trocken-Shampoo. So einen reinlichen Vogel »Dreckspatz« zu nennen ist eine glatte Verleumdung.

Was pfeifen die Spatzen von allen Dächern?

Was Spatzen so singen, läuft nicht gerade unter Ohrenschmaus. Der übliche Spatzengesang ist das Tschilpen – mal im Chor, mal als Solodarbietung von verliebten Männchen. Aber Spatzen könnten auch ganz anders: Wenn man Haussperlinge in enger Nachbarschaft mit Kanarienvögeln aufzieht, trällern sie als Erwachsene ähnlich raffiniert wie ihre gefiederten Musiklehrer. Zugegeben, ein bisschen lauter und rauer als der Gesang der Kanaris fielen ihre Arien schon aus. So leicht macht ein Spatz eben keine Karriere als Operntenor.

Frech wie Oskar!

Wenn's darum geht, neue Futterquellen anzuzapfen, dann sind Spatzen ganz vorne dabei. Ohne die geringste Scheu hüpfen sie unter Kaffeetischen und sogar zwischen den Kuchentellern herum und speisen Biskuit und Blätterteig. Sie wirken fast so zahm wie der Wellensittich zu Hause – aber der Schein trügt. Die Piepmätze unterscheiden sehr genau, wo sie ungeniert »frech« sein können und wo eher Vorsicht angesagt ist. Will man dieselben Vögel, die eben noch an der Obsttorte gepikt haben, ganz groß in die Kamera bekommen, sind sie auf einmal im nächsten Busch verschwunden. Das große Auge, das auf sie zielt, ist ihnen nämlich nicht geheuer – also lieber ab in die Deckung.

Der Vogel mit dem Messie-Syndrom

Mit dem Nestbau nehmen es die Spatzen nicht so genau: Wenn sie eine passende Höhle oder Mauernische für ihr Nest gefunden haben, stopfen sie einfach alles hinein, was ihnen halbwegs geeignet erscheint, von Strohhalmen über Wurzelfasern bis zu Papierschnipseln und Plastikfetzen. Wozu auch ein aufwendiges Nest bauen, wenn die Höhle schon von allen Seiten schützt? Wo sie allerdings beim besten Willen keinen passenden Hohlraum finden, weichen sie notgedrungen in Bäume aus. Und was sie dort fabrizieren, sind richtig ansehnliche Nestkugeln. An diesen Bauwerken erkennt man dann doch, dass Spatzen mit den Webervögeln – wahren Baumeistern – verwandt sind.

Warum summen Mücken?

Der Kampfruf der Mücken: Ozapft is'!

Wenn sie stumm ihr Schöppchen schlürfen würden, könnte man es ihnen ja noch nachsehen, aber dieses grässliche Sirren …! Leider geht's aber nicht ohne Geräusch: Mückenflügel schlagen mit einer Frequenz von etwa 600 Schlägen pro Sekunde – und das geht nun mal nicht schweigend ab. Auch ein Ventilator ist ja nicht lautlos, oder? Außerdem hat das Fluggeräusch einen angenehmen Nebeneffekt – angenehm zumindest für die Mücken: Männchen und Weibchen haben einen unterschiedlichen Tonfall. Wären sie stumm, würden sie sich wohl gegenseitig gar nicht als Partner erkennen.

Tanz der Vampirchen

In den ersten lauen Sommernächten geht der Ärger los: Unentwegt kitzelt und sirrt und pikst es irgendwo: Die Mücken fliegen ihre Attacken. Sie spüren gnadenlos jedes Fitzelchen nackte Haut auf, das unter der Bettdecke herauslugt. Wie machen sie das nur? Ganz einfach: Sie schnüffeln sich an ihr Ziel. Mücken registrieren nämlich feinste Temperaturunterschiede – und ein Arm ist nun mal um viele Grade wärmer als die wärmste Sommernachtsluft. Außerdem reagieren Mücken sehr sensibel auf Luftfeuchtigkeit und auf Kohlendioxid. Und da wir Menschen ständig feuchte, kohlendioxidreiche Luft ausatmen, ist es für eine hungrige Mücke ein Kinderspiel, einen Menschen sogar in stockdunkler Nacht aufzuspüren.

Warum juckt ein Mückenstich?

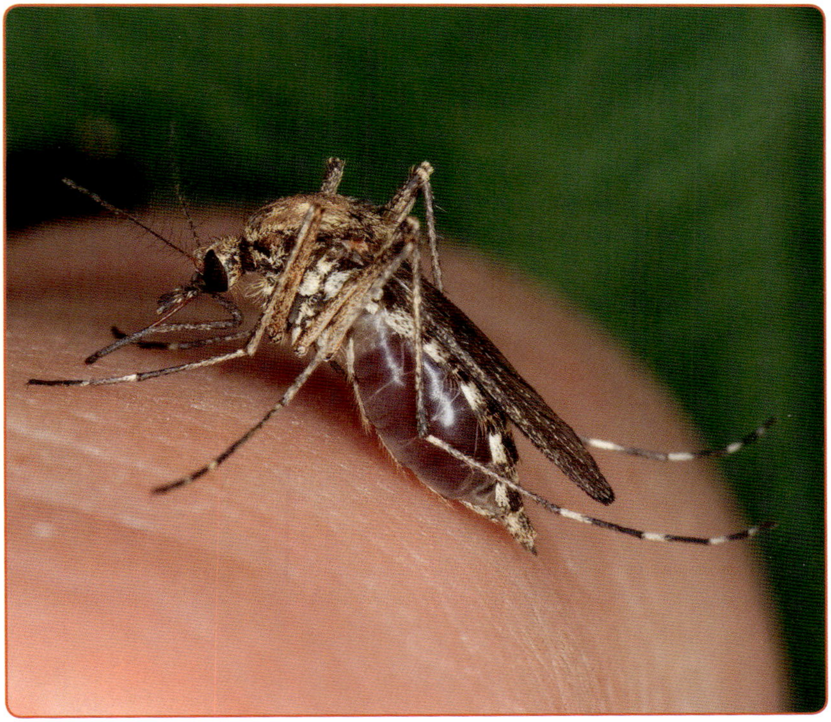

Das Schlückchen Blut würde man den Mücken ja noch gönnen, wenn der Stich danach nur nicht so jucken würde! Leider geht's aber nicht störungsfrei: Was da juckt, ist die Mückenspucke, die uns die Quälgeister beim Saugen unter die Haut träufeln. Diese Spucke ist ein ganz besonderer Saft; sie verhindert nämlich, dass das Blut im Rüssel der Plagegeister gerinnt. Sie ist sozusagen das »Rohrfrei« der Mücken – ein unersetzliches Hilfsmittel in ihrer Branche.

Schwimmende Inseln

Tümpelwasser ist eine spannende Sache: Da zucken Wasserflöhe als winzige Pünktchen durchs Wasser, Schnecken mit seltsamen dreieckigen Fühlern ziehen ihre Fraßspuren über algenbewachsene Steine, Libellenlarven krabbeln durch den Bodenschlamm – und hier und da schwimmen kleine Schiffchen auf dem Wasserspiegel, die aussehen, als hätte jemand winzige Glasstäbchen längs aneinander festgeklebt (Foto links). Die Stäbchen sind Mückeneier – bis zu 300 Stück auf einmal. Keine drei Wochen dauert es, bis daraus die fertige Mücke geworden ist. Aus den Eiern schlüpfen winzige Larven, die schräg an der Wasseroberfläche hängen, etwa 7 Millimeter groß werden, bis sie sich schließlich über das Puppenstadium zur Mücke entwickeln.

Alles für die Kinder!

An den juckenden Stichen sind einzig und allein die Mückenweibchen schuld: Die Eier in ihrem Bauch können sich nämlich nur entwickeln, wenn sie ordentlich Eiweiß getankt haben. Die Männchen dagegen lassen uns unbehelligt schlafen: Sie können nicht stechen, sondern nur saugen und leben von Nektar und Wasser.

Wer hat das Katapult erfunden?

Werfen, kleben oder kletten: Alles ist erlaubt

Das Springkraut ist richtig kitzelig: Wenn man die aufgeblähten Samenkapseln mit ein wenig Druck zwischen die Finger nimmt, reißen die Längsnähte der Kapsel schlagartig auf und schleudern die Samen meterweit von sich. Das fühlt sich an wie eine kleine Explosion zwischen den Fingern. Wenn die Kapseln überreif sind, kann schon ein Regentropfen die Samen abschießen. Der Sinn und Zweck des Katapults: Die Samen (Foto links) gewinnen ein wenig Abstand zu den Mutterpflanzen und können im nächsten Jahr in einem Boden keimen, der noch nicht von den Pflanzenmüttern ausgelaugt worden ist.

Patent Streudose

Der Klatschmohn braucht weder Vogel noch Hund noch Ameise, um seine Samen auf den Weg zu schicken; er arbeitet nach dem Prinzip Gießkanne. Seine Samenkapsel sieht aus wie eine kleine Designer-Streudose und funktioniert auch so: Der obere Rand trägt ringsum eine Reihe Löcher. Wenn der Wind den Stängel bewegt und die Samenkapsel durchschüttelt, rieseln aus den Löchern die Samen heraus wie das Salz aus dem Salzstreuer. Und da sie nur so groß wie Grießkörnchen sind, gibt ihnen auch der Wind noch einen kleinen Schubs auf den Weg.

Unterwegs auf der Ameisenstraße

Wie schaffen es Blumen am Waldboden, ihre Samen »in alle Welt« zu verschicken? Für Vögel sind die Körnchen viel zu klein und uninteressant, und der Wind ist am Boden zu schwach, um sie in Bewegung zu setzen. Aber im Wald laufen ja überall Ameisen herum; die kommen doch genau wie gerufen als Samenschlepper. Veilchen, Haselwurz und Lerchensporn, Leberblümchen und Schneeglöckchen sorgen dafür, dass Ameisen ihre Samen unwiderstehlich finden: An jedem Samen ist ein leckerer kleiner Snack angewachsen. Die Ameisen schleppen die Körner in ihren Bau und verspeisen dort die nahrhaften Anhängsel. Die Samen aber, die sie achtlos liegen lassen oder als »Abfall« außerhalb des Baus deponieren, können später ungestört keimen. Ein einziger Staat Roter Waldameisen transportiert ca. 36.000 Samen in einem Jahr.

Reisen per Anhalter

Manche Pflanzen beauftragen sogar eine Transportfirma, wenn sie dafür sorgen wollen, dass sich ihre Samen ausbreiten. Misteln haben diese Methode perfekt ausgefeilt: Sie verpacken ihre Samen in weiße, saftige Beeren, die Drosseln ungemein lecker finden. Und wenn die Drosseln später die Reste ihrer Beerenmahlzeit auf irgendeinem Ast als Klacks von sich geben, kommen die Samen unversehrt wieder ans Tageslicht. Der besondere Misteltrick dabei: Die Samen sind in eine klebrige Hülle verpackt, die unbeschadet die Reise durch die Vogeldärme übersteht und wie Kleister am Ast hängen bleibt. Hier oben, weit weg von jedem Krümel Erde, fangen die Mistelsamen dann an zu keimen. Andere Pflanzen würden auf einem Ast in luftiger Höhe bald verdursten, die Mistel aber kommt ganz ohne Erde bestens durchs Leben: Sie bohrt mit ihren Wurzeln einfach die Wasserleitungen des Baumes an, auf dem sie sitzt.

Was frisst ein Fuchs, wenn's keine Hühner gibt?

Füchse im Gartenhaus und Waschbären im Keller

In Kinderbüchern sind Füchse immer noch die Hühnerdiebe, die nachts in die Ställe einbrechen und sich mit der besten Legehenne davonmachen. Der moderne Fuchs hat so was nicht mehr nötig. Er holt sich runtergefallene Pommes und weggeworfene Wurstbrote, schnappt sich überfahrene Tiere, erntet im Park die Regenwürmer (!) und sammelt auf dem Obst- und Gemüsemarkt die Reste auf: Aus Sicht der Füchse sind Städte eine einzige Imbissbude. Übrigens, wo Füchse leben, sollten Meerschweinchen und Zwergkaninchen gut unter Verschluss bleiben. Die Füchse könnten die Kuscheltiere als nette Spende missverstehen!

Sind Füchse gefährlich?

Viele Menschen befürchten, dass ein Fuchs, der entspannt durch eine Wohnsiedlung spaziert, Tollwut haben könnte. Solche Ängste sind zum Glück nicht mehr angebracht: Seit Jahren ist die Tollwut in Deutschland und den meisten anderen westeuropäischen Ländern ausgerottet. Wer einen Fuchs am Komposthaufen beim Regenwurmernten oder auf der Mäusepirsch beobachtet, kann sich also einfach darüber freuen. Doch gerade solche Füchse, die uns Menschen nicht mehr als Feinde fürchten, sondern ihre Scheu weitgehend verloren haben, sollte man auf keinen Fall füttern: Füchse haben oft Parasiten, die dem Menschen sehr gefährlich werden können. Außerdem freuen sich nicht alle Leute darüber, wenn so ein zahmer Besucher am Rande des Gartenfestes den Rasen nach Futterresten absucht. Früher oder später kommen Klagen, und dann zieht der Fuchs den Kürzeren. Also lieber Abstand halten; das ist auf die Dauer für beide Seiten die bessere Lösung.

Wo wohnt ein Fuchs in der Stadt?

So einen richtig schönen Bau mit allem Drum und Dran kann ein Fuchs zwar in der lockeren Erde eines (hundefreien!) Friedhofs ganz gut anlegen, aber es muss gar nicht unbedingt soviel Komfort sein. Seine Jungen kann ein Fuchs auch unter einem Schreberhäuschen aufziehen. Und wenn er keine Welpen zu versorgen hat, genügt ihm schon eine Mulde unter einem Bretterstapel, ein offen stehender Geräteschuppen oder ein trockenes Kanalrohr unter der Straße als Tagesschlafplatz. Die ausgefallenste Adresse hatten einmal ein paar Füchse in Berlin: den Palast der Republik.

Warum heißt der Waschbär Waschbär?

Bevor Waschbären etwas Fressbares verspeisen, betasten sie es sehr genau und fieseln störende Teile und Schalen ab. Weil sie auch Beute befingern, die sie im Wasser gefunden haben, glaubte man früher, sie hätten einen Waschzwang – und nannte sie »Waschbären«.

Der Typ mit der Gangstermaske

Eigentlich kommen sie ja aus Nordamerika, aber bei uns gefällt es ihnen auch nicht schlecht: Vor etwa 80 Jahren kamen die ersten Waschbären auf freie Pfote – teils ausgesetzt, teils ausgebüchst. Mittlerweile haben sich die Typen mit der Gangstermaske schon erfolgreich ausgebreitet – vor allem in Städten. Wer Waschbären beobachten will, muss nicht mal flüstern; die Bärchen sind so neugierig, dass besonders Mutige sogar durch die Katzenklappe hereinkommen und der Mieze ihr Futter klauen.

Verlieben sich auch Gänse?

Treffpunkt Parkteich: Großer Auftritt für Graugans & Co

Wer Wasservögel beobachten will, muss nicht weiter gehen als bis zum nächsten Parkteich. Im Vorfrühling, wenn sich die Partner suchen und finden, gibt es dort besonders viel zu sehen – verliebte Graugänse zum Beispiel. Wenn ein Ganter sich in ein Gänsemädchen verliebt hat, benimmt er sich geradezu menschlich: Nach Leibeskräften versucht er, die Schöne zu beeindrucken. Da werden fremde Gänseriche attackiert und vertrieben, da wird geprotzt und geprahlt, was das Zeug hält. Und wenn der Jüngling von einem Scharmützel zu seiner Angebeteten zurückkehrt, stellt er sich zur Schau wie ein Halbstarker, der die Muskeln spielen lässt.

Betreten verboten!

Wenn Blesshühner ab März ihr Brutrevier verteidigen, ist auf dem Parkteich was los: Mit steil hochgerecktem Schwanz, borstig gesträubten Halsfedern und aufgeplusterten Flügeln schwimmen die Kampfhähne in ihrem Revier Patrouille. Wenn Rivalen die unsichtbare Grenze ignorieren, werden die Revierinhaber tätlich: Sie werfen sich halb auf den Rücken, »stützen« sich mit den Flügeln auf der Wasseroberfläche ab und greifen schnabelhackend, kratzend und tretend den Eindringling an. Der Kampf sieht ein wenig aus wie ein Kickbox-Turnier.

Ab durch die Mitte

Wo sich so viele Tiere einen Lebensraum teilen, herrscht nicht immer Friede, Freude, Einigkeit. Wenn's zu Reibereien kommt oder ein neugieriger Hund den Frieden stört, muss man auch mal fliehen – aber wer flieht wie? Und wohin? Tafel- und Reiherenten müssen Anlauf nehmen, bevor sie abheben können. Stockenten starten senkrecht, wenn's brenzlig wird. Blesshühner wiederum bekommen mit wildem Flattern gerade genug Auftrieb, um übers Wasser davonlaufen zu können. Und Haubentaucher gehen auf Tauchstation: Sie legen ganz kurz das Gefieder an, sodass überschüssige Luft aus dem Gefieder entweicht und der Vogel »schwerer« wird. Dann verschwinden sie lautlos von der Wasseroberfläche – so unauffällig wie ein U-Boot, das abtaucht.

Schau mich nicht so an

Wollen sich Lachmöwen gegenseitig von ihren freundlichen Absichten überzeugen, zeigen sie sich … die kalte Schulter: Sie wenden sich die Hinterköpfe zu, während die Gesichter mit den schokoladenbraunen Masken in die Gegenrichtung blicken. Die Botschaft ist klar: »Ich bin die Friedfertigkeit in Person! Du siehst ja selbst: Auch wenn ich wollte, könnte ich jetzt nicht nach dir hacken.«

Farbtupfer auf dem Teich

Mandarinenten (Foto) bringen Farbe auf den Teich. Sie mögen aussehen wie empfindliche Luxusgeschöpfe, aber der Schein trügt: Die kleinen Schönheiten stammen aus Nordostchina und sind kältefest wie wenige andere Wasservögel. Aber warum sind sie dann nicht häufiger zu sehen? Weil Brutplätze knapp sind. Mandarinenten hätten am liebsten klare, nährstoffarme Seen mit waldgesäumten Ufern – stattdessen müssen sie mit trüber Algenbrühe und badelakengesäumten Ufern klarkommen.

Sind Maulwürfe blind?

Der Profi für Erdarbeiten jeder Art

Blind sind Maulwürfe zwar nicht, aber ihre Augen sind so klein, dass sie in dem samtigen Fell kaum zu sehen sind. Adleraugen haben die kleinen Erdarbeiter zwar nicht gerade, aber das wäre im Stockdunkeln unter der Erde ja auch überflüssig. Viel wichtiger ist es, dass Maulwürfe ein unglaublich feines Gespür für Erschütterungen und einen ungemein sensiblen Tast- und Geruchssinn haben. Sie registrieren sofort, wenn irgendwo in Reichweite ein Regenwurm, eine Schnakenlarve oder ein Engerling die Erde »erzittern« lässt. Wenn die Regenwurmjagd besonders ergiebig ist, legen Maulwürfe gerne Vorräte für schlechte Zeiten an. Sie haben sogar eine Methode gefunden, ihre Beute frisch zu halten: Sie lähmen die Regenwürmer mit einem Biss in den Kopf. Bewegungsunfähig, aber höchst lebendig müssen die Würmer dann abwarten, bis sie »an der Reihe« sind.

Der Herr der Gänge

Wie groß ist wohl das Tunnelsystem eines Maulwurfs? Drei Meter im Durchmesser? Oder sogar vier? Nein, mit solch mickrigen Größen würde sich kein gesunder Maulwurf zufriedengeben. Biologen haben ihm sozusagen wissenschaftlich hinterhergebuddelt und festgestellt, dass das Gangsystem eines Maulwurfweibchens aneinandergehängt eine Röhre von 200 Meter Länge ergeben würde und eine Fläche von 2.000 Quadratmetern abdeckt. Das wäre ungefähr ein Kreis mit 50 Meter Durchmesser! Männchen bringen es sogar auf 6.000 Quadratmeter – das wäre ein Kreis von 88 Meter Durchmesser. – So ein Tunnelsystem funktioniert ein wenig wie ein Spinnennetz: So wie eine Spinne ihre Fangfäden kontrolliert, so kontrolliert ein Maulwurf seine Gänge.

Warum ersticken Maulwürfe nicht in ihren Tunnels?

Unter der Erde muss es doch ganz schön stickig sein. Warum wird den Kleinen dort unten die Atemluft nicht knapp? Weil sie genau daran bestens angepasst sind. Maulwürfe atmen noch entspannt, wenn wir längst nach Luft schnappen müssten. Sie kommen mit sehr viel weniger Sauerstoff klar als wir, weil ihr Blut Sauerstoff viel besser binden kann als das Blut anderer Säugetiere. Außerdem legt der Maulwurf auch noch Belüftungslöcher an, genauso wie Menschen es im Bergbau tun.

Was wirft der Maulwurf mit dem Maul?

Ein Maulwurf gräbt natürlich nicht mit dem Maul, sondern mit den Pfoten, wie andere Säugetiere auch. Sein eigenartiger Name geht vermutlich auf das althochdeutsche Wort »Molte« zurück; so nannte man damals die Erde. Und »Erdwerfer« wäre ja ein ganz passender Name.

Ein Maulwurf

(Ausschnitt aus einem Gedicht von Wilhelm Busch)

Er fand an Lärm kein Wohlgefallen
Zog sich zurück in kühle Hallen
und ging daselbst in seinem Fach
stillfleißig den Geschäften nach.
Zwar sehen konnt' er da kein bissel,
indessen sein getreuer Rüssel
ein Nervensitz voll Zartgefühl
führt sicher zum erwünschten Ziel.

Warum schwirren Motten zum Licht?

Wenn die Nacht zum Tag wird

Um jede Straßenlaterne, um jede Leuchtreklame schwirren nachts scharenweise die Insekten. Der Boden unter solchen künstlichen Sonnen ist übersät mit Tausenden toter Falter (Foto unten: Pyramideneule), Mücken und Käfer, die bis zur Erschöpfung gegen die Lampe angeschwirrt sind oder sich daran tödlich verbrannt haben. Eine der Theorien dazu besagt: Der UV-Anteil im Licht zieht sie magisch an; sie können nicht anders. Aber WIR könnten anders! Wir könnten andere Lampen einsetzen, zum Beispiel sogenannte Natriumdampf-Hochdrucklampen. Der Clou an diesen Lampen: Ihr Licht enthält fast keinen UV-Anteil und ist damit so gut wie »insektensicher«.

Zeit für die Nachtschicht

Wer schon mal nachts mit Taschenlampe und aufmerksamem Blick durch den Stadtpark marschiert ist, der kennt sie, all die Nachtschwärmer unter den Tieren. Jede Tierart hat ihre guten Gründe, sich erst dann auf die Futtersuche zu machen, wenn es für andere Zeit zum Schlafen ist: Regenwürmer sind nachts vor dem todbringenden UV-Licht sicher. Schnecken, Asseln und die meisten Frösche und Kröten gehen lieber nachts auf Tour, weil sie tagsüber viel zu leicht austrocknen würden. Und die Urahnen der Mäuse schließlich haben sich aufs Nachtleben verlegt, weil Turmfalke und Mäusebussard, Kornweihe, Rabenkrähe und Hermelin dann schlafen. Doch zumindest dieser Vorteil der Nacht – die feindfreie Idylle – hielt sich nicht lange: Längst haben Nachtreiher und Eulen, Fledermäuse, Füchse und Nachtschwalben das reiche Beuteangebot der Finsternis für sich entdeckt. Die Welt der Nachtschwärmer ist heute genauso umkämpft wie die der Tagtiere.

Jagdzeit für Spinnen

Wenn die Dämmerung anbricht und die ersten Lampen angehen, ist die Stunde der Spinnen gekommen. Am besten, man stellt sich einfach unter eine Straßenlampe oder Leuchtreklame und wartet ab. Sobald die ersten Insekten zum Licht schwirren, tauchen die Spinnen aus ihren Schlupfwinkeln auf und beginnen abzuräumen, was sich in ihren Fäden fängt. Sie haben das Schlaraffenland entdeckt und ihre Netze mittendrin aufgespannt (Foto rechts).

Wie findet die Eule im Finstern die Maus?

Wer hat schon mal einem jagenden Turmfalken zugesehen? Der Vogel »stellt« sich im Rüttelflug hoch über ein vielversprechendes Fleckchen Wiese und lässt sich fallen wie ein Stein, sobald er etwas erspäht hat. Falken, Bussarde und Adler sehen auch auf große Entfernung noch gestochen scharf. Eulen dagegen wären im Dunkeln mit perfekter Fernsicht schlecht bedient. Dafür können sie aber noch bei schlechtestem Licht etwas erkennen. Sie kommen mit einem Hundertstel der Lichtstärke, die für unsereinen gerade noch ausreichen würde, bestens zurecht. Aber noch wichtiger als die Augen sind für Eulen die Ohren. Eine Schleiereule kann eine Maus noch in einer stockfinsteren Scheune nur mit den Ohren orten und fangen.

Warum gibt's in der Stadt so wenig Frösche?

Frösche und Kröten kapitulieren, wo die Nacht zum Tag wird (und wo geeignete Laichgewässer fehlen). Die meisten von ihnen sind unterwegs, wenn es dämmrig wird; erst nachts schlagen sie sich den Bauch voll, erst nachts finden sie ihre Partner. Wo der Mensch die Nacht abgeschafft hat, schwirren zwar jede Menge verwirrter Motten und Mücken um die Lichtkegel und versorgen Frosch und Kröte mit leichter Beute, aber ohne den Schutz der Dunkelheit werden auch sie selbst leichter zur Beute. Und die Partnersuche? Die wird oft ein Totalausfall: Bei vielen Frosch- und Krötenarten paart »man« sich tags oft einfach nicht. Und wo es nur noch Tag gibt, wird das Projekt Fortpflanzung eben gestrichen.

Wie alt werden Bäume?

Bäume sind die ältesten Lebewesen der Erde

100 Jahre? Oder sogar 200 Jahre? Sehr viel älter werden die Bäume im Wald selten, denn gerade wenn sie ihre Teenagerjahre hinter sich haben, werden sie gefällt und zu Möbeln, Parkett, Bauholz und allem Möglichen verarbeitet. In der Stadt wiederum sterben sie lange vor ihrer Zeit, weil Abgase ihnen zusetzen, Autos gegen ihren Stamm fahren und Asphalt bleischwer auf ihren Wurzeln liegt (Foto unten). Dabei könnte es eine Buche leicht auf 300 Jahre bringen und eine Eiche sogar auf 800 Jahre. Doch das ist noch gar nichts gegen den ältesten Wacholder: Er stand schon auf seinen Wurzeln, als bei uns noch römische Legionäre über die Heeresstraßen marschierten. Die älteste Eibe ist sogar an die 3.000 Jahre alt. Sie trieb gerade ihre ersten Zweige, als in Ägypten der Pharao Tutanchamun in seinen Sarkophag gelegt wurde.

Die Gastfreundschaft der Eichen

Ein großer Baum ist nicht nur eindrucksvoll und majestätisch, er ist außerdem das Zuhause unglaublich vieler Lebewesen. Besonders gastfreundlich sind Eichen: Wildschweine, Rehe, Eichelhäher und Eichhörnchen fressen ihre Früchte, Hirschkäfer und der grün schillernde Eichenbockkäfer legen ihre Eier in das zerfallende Holz, Eichengallwespen lassen ihre Larven in den Blättern aufwachsen und die ausgefaulten Astlöcher sind heiß begehrt bei Spechten, Käuzen, Tauben, Fledermäusen und Siebenschläfern. Doch das ist erst ein kleiner Teil der unzählig vielen Untermieter einer Eiche. Und während für uns Menschen ein »absteigender Ast« etwas Negatives ist, wird aus Sicht der Tiere ein Baum erst dann so richtig interessant, wenn er anfängt, »absteigende Äste« – abgestorbene Äste – zu entwickeln.

Warum wachsen Bäume nicht in den Himmel?

Kalifornische Riesenmammutbäume werden bis zu 115 Meter hoch – also 17 Meter höher als die Frauenkirche in München. Aber warum nicht noch höher? Dass Bäume nicht in den Himmel wachsen, hat einen einfachen Grund: Die Wasserversorgung klappt ab einer gewissen Höhe nicht mehr. Wäre ein Baum höher als 125 Meter, würde seine Krone ganz einfach verdursten. Um Wasser so weit hochzusaugen, müssten Kräfte im Einsatz sein, die der stärkste Baum nicht aufbringen kann. Wem das seltsam vorkommt, der möge versuchen, Saft durch einen zwei Meter langen dünnen Aquarienschlauch zu trinken. Geht nicht? Eben!

Wie schnell wächst ein Baum?

Klar wächst ein Baum, der genug Licht, Nährstoffe und Wasser hat, schneller als ein Mickerling, der sich durchschlagen muss. Aber auch bei bester Versorgung schiebt sich zum Beispiel eine Buche pro Jahr bestenfalls um 40 Zentimeter in die Höhe, eine Weide aber schafft einen Meter!

Woher kommen die Jahresringe?

Baumstümpfe sehen aus, als hätte jemand fein säuberlich Ringe um die Mitte gezeichnet – mal eng beieinander, mal mit mehr Abstand. Das hellere Holz zwischen den Ringen ist weicher. Der Baum hat es im Frühjahr und Sommer gebildet, als er reichlich Nährstoffe und Wasser hatte. Die dunklen Ringe sind im Spätsommer entstanden, als die Tage kürzer und die Temperaturen kühler wurden und der Baum »merkte«, dass er sich allmählich auf den Winter einstellen müsste.

Gibt's schludrige Vögel?

Das Rotkehlchen im Strohhut

Wer in Vogelbüchern schmökert, der merkt schnell, dass manche Autoren Vögel beurteilen wie ein Lehrer seine Schüler. Da heißt es dann, Vogel X baue ein »kunstvolles« Nest, während über Vogel Y gequengelt wird, er bringe nur ein recht »schlampiges« Bauwerk zustande. Gibt's das? Gibt es kunstfertige und schlampige Tiere? Vögel sind genau so »kunstfertig«, wie sie in ihrer Umwelt sein müssen, um sich und ihre Nachkommen gut über die Runden zu bringen. Eine Beutelmeise, die ihr Nest zwischen schwankenden Schilfhalmen baut, muss natürlich einiges Know-how investieren, damit ihr Gelege nicht beim nächsten Windstoß auf dem Boden liegt. Eine Straßentaube dagegen, die ein paar Zweiglein zusammenschiebt und darauf ihre beiden Eier legt, hat genauso gut für ihre Brut gesorgt wie die Meise: Straßentauben brüten in Nischen und Hohlräumen, wo ihre Eier und Jungen bestens gegen Absturz gesichert sind. Wozu also eine komplizierte Reling um das Gelege herumbauen, die niemand braucht?

Baumarkt für Vögel

Soll man Vögel im Winter füttern? Keine Frage! Das versteht sich doch von selbst, oder? Soll man Vögel mit Nistmaterial versorgen? Was für eine Frage! Die paar Hälmchen und Federn und Zweiglein können sich die Piepmätze wohl noch selbst zusammensuchen. Oder etwa doch nicht? Was tun, wenn in all den gepflegten Gärten kein Moos zu finden ist? Wenn sich im perfekt ondulierten Park kein einziger Halm über zwei Zentimeter Länge findet? Dann wäre es doch eine prima Idee, den Inhalt der Hundebürste, eine Handvoll Heu aus dem Karnickelstall und eine Faustvoll zerschnipselte Wollfädchen auf Terrasse oder Balkon auszulegen. Die Vögel werden sich sicher gerne bedienen.

Schnabel auf! Essen ist fertig!

Wenn kleine Amseln schlüpfen, sehen sie aus, als wären sie zu früh aus dem Ei gekrochen. Irgendwie wirken sie halbfertig: nackt, rosa, schrumpelig und mit fest geschlossenen Augen. Aber wenn die Mutter oder der Vater mit Futter zum Nest kommt, gehen reihum die Schnäbel auf. Woher wissen die Kleinen, dass Essenszeit ist? Sie sehen doch noch gar nichts. Aber sie spüren eine Menge. Sie fühlen genau, wenn einer der Elternvögel am Nestrand landet und das Nest ein ganz klein wenig zum Zittern bringt. Wer das Glück hat, ein Amselnest hinter seinem Fensterladen zu haben, kann es selbst vorsichtig ausprobieren: Solange die Jungen noch geschlossene Augen haben, genügt es, wenn man den Nestrand mit dem Finger ganz leicht antupft: Schon gehen wie auf Knopfdruck die Schnäbel auf.

Das Rotkehlchen im Strohhut

Wenn sich Vögel erst mal an den Lärm und die Hektik der Stadt gewöhnt haben, stehen ihnen Nistplätze in Hülle und Fülle zur Verfügung. Grauschnäpper (Foto Seite 56), Hausrotschwänze und Bachstelzen sind Halbhöhlenbrüter – aber wer sagt denn, dass so eine halbe Höhle unbedingt in einem ausgefaulten Baum sein muss? Auch eine Laterne ist doch wunderbar »hohl«. Türkentauben nisten gerne auf Astgabeln – aber wenn sie ihr Nest stattdessen auf dem »U« der U-Bahn bauen, haben sie sogar noch eine Fußbodenheizung (Foto oben). Und Mehlschwalben, deren Ahnen ihre Mörtelnester an Felswände gekleistert haben, tauschen nicht nur die Felswand gerne gegen eine Hauswand ein; wenn alle erreichbaren Hauswände besetzt sind, werden sie erfinderisch und versuchen es auch mal mit der Innenseite einer Straßenlaterne (Foto links).

Wo sitzt bei Schnecken der Motor?

Das beste Mittel gegen Nervosität: Schnecken beobachten!

Wenn Schnecken langsam und stetig ihre Bahn ziehen, sehen sie aus, als würden sie von einem unsichtbaren Förderband geschoben. Wie machen sie das nur? Mit Muskelpower! Setzt man eine Schnecke auf eine Glasplatte und schaut ihr von unten beim Kriechen zu, wird klar, wie das funktioniert: Pausenlos sieht man dunkle Querbänder von hinten nach vorne über die Sohle wandern. Diese »Bänder« sind Abschnitte, an denen der Schneckenkörper per Muskelkraft ein wenig von der Unterlage abgehoben, vorwärtsgeschoben und wieder aufgesetzt wird. Die Schnecke benutzt also die Muskeln ihrer Sohle fast wie ein Tausendfüßer seine Beine.

Was für Schleimer!

Eigentlich sind Schnecken ja kleine Schönheiten: die nass glänzende Haut mit dem Netzwerk aus »Runzeln«, das vielfarbige Bändermuster des Kalkhäuschens, die zierlichen Fühler mit den obenauf sitzenden Augen, die ständig in Bewegung sind. Wenn sie nur nicht so klebrig und schleimig wären! Aus ihrer Sicht allerdings ist der Schleim eine geniale Erfindung: Wie ein feuchter Mantel schützt er die Schnecke davor auszutrocknen. Außerdem sorgt er für Wassernachschub: Wenn die Tiere über einigermaßen feuchten Boden kriechen, saugt der Schleimanzug wie ein Schwamm Wasser auf und gibt es an die Schnecke weiter. Und nicht zu vergessen: Eine Schnecke kann nur deshalb senkrechte Flächen hinaufkriechen, weil der Schleim sie wie ein Spezialkleber am Abrutschen hindert.

Haben Schnecken eigentlich Zähne?

Aber ja! Jede Menge! Die meisten Schnecken haben eine Art Zunge, die mit winzigen Zacken nur so gespickt ist. Das Ganze sieht aus wie ein Reibeisen. Mit dieser zahnstarrenden Zunge raspeln sie kleine Fetzen von Dingen herunter, die sie für appetitlich halten. Setzt man sich eine der hübschen, gebänderten Schnirkelschnecken (Foto rechts) auf die Hand und lässt ihr ein wenig Zeit, fängt sie früher oder später an, die Haut zu beknabbern. Keine Sorge, diese »Verkostung« ist nicht schmerzhaft; es kratzt nur ein bisschen.

INFO

Schneckenrekorde

- Methusalem: Eine Weinbergschnecke, die in einem Terrarium ein wohlbehütetes, feindfreies Leben geführt hatte, wurde 30 Jahre alt.
- Wipfelstürmer: Schnirkelschnecken sind in Bäumen bis in 20 Meter Höhe gefunden worden.
- Goliath: Die größte Schnecke hierzulande ist der Schwarze Schnegel, eine Nacktschnecke von beachtlichen Ausmaßen. Die größten unter ihnen werden bis zu 20 Zentimeter lang!
- … und David: Die kleinste Schnecke in Deutschland ist die Punktschnecke: Das Häuschen ist mit einem Millimeter Durchmesser nur so groß wie ein Stecknadelkopf.

Schneckenhochzeit

Schnecken lassen sich Zeit – für alles. Bis Weinbergschnecken sich gepaart haben, können ein paar Stunden vergehen. Lange Zeit kriechen sie suchend umher und richten sich immer wieder mit dem Vorderkörper auf, als warteten sie auf geheime Signale. Haben sich zwei solcher Suchenden gefunden, betasten sie sich ausgiebig mit Fühlern und Mundlappen, richten sich gemächlich aneinander auf und »umarmen« sich mit den Körpern. Kurzum, sie verfallen in einen wahren Liebesrausch – aber immer schön im Schneckentempo. Da Weinbergschnecken Zwitter sind – also Weibchen und Männchen in einem –, kann jeder jeden befruchten, und beide können danach Eier ablegen.

Wie igelt sich ein Igel ein?

Geschützt von 7.000 Stacheln!

Wer in der Dämmerung mit gespitzten Ohren durch den Park geht, hört bisweilen Seltsames: Da schnauft und zischt und raschelt es, als hätte sich ein Nachtschwärmer nach dem letzten Bier in die Büsche geschlagen. Kontrollblick ins Unterholz: Der geräuschvolle Jemand ist nur ein Igel. Die Stachler müssen sich nicht die Mühe machen, unauffällig durchs Leben zu schleichen; Angreifer holen sich ja allenfalls zerstochene Nasen, Pfoten oder Finger. Fühlt sich ein Igel genervt, runzelt er zunächst mal die Stirn – und zieht damit die Stachelkappe über die Augen. Und wenn der Störenfried hartnäckig bleibt? Dann wird blitzschnell der Muskelring zusammengezogen, der wie ein Gummiband rings um den ganzen Igelkörper verläuft.

Haben Igelbabys schon Stacheln?

Igelbabys kommen schon mit einem kleinen Sortiment von ungefähr 100 Stacheln auf die Welt. Trotzdem bleibt die Igelmutter inwendig unverletzt, denn die Stachel-Erstausstattung ist noch weich. Außerdem haben die streichholzlangen Igelwinzlinge bei der Geburt eine so aufgequollene Haut, dass die Stacheln darin versinken und die Mutter nicht zerkratzen können. – Stacheln sind übrigens nichts anderes als besonders harte, stabile Haare. Wer sich genau umsieht, findet dort, wo Igel regelmäßig auf Futtersuche gehen, sicher ein paar der ausgefallenen »Nadeln«.

Marathonläufer im Stachelhemd

So ein pummeliger Igel sieht nicht gerade aus wie ein Sprinter, aber der Schein trügt: Wenn der Kleine mit angelegten Stacheln und in entspannter Stimmung ist, kommen die langen Stakelbeine unter der Stachelhülle zum Vorschein. Kaum zu glauben, welches Tempo ein Igel vorlegen kann! Die Stachler sind nicht nur erstaunlich flott, sie sind auch ausdauernd. Einen Kilometer pro Nacht spulen sie ohne Weiteres herunter; besonders sportliche Männchen haben sogar schon drei Kilometer geschafft.

Das Igelkarussell

Im Sommer, wenn die Männchen auf Damensuche sind, ist Igel-Sightseeing besonders lohnend. Die beiden Partner in spe umkreisen sich dann unter wildem Fauchen und Tuckern. ER wuselt ungeduldig um sie herum und käme gerne zur Sache, SIE aber ist noch längst nicht so weit und wehrt ihn fauchend mit gesträubten Stirnstacheln ab. Und da ER nur zum Ziel kommt, wenn SIE entgegenkommend die Stacheln anlegt, bleibt ihm nichts anderes übrig, als zu werben und zu besänftigen. Es kann Stunden dauern, bis sie von seinen Qualitäten überzeugt ist und ihn endlich »aufsitzen« lässt. Danach ziehen beide wieder ihrer Wege, denn Kinderaufzucht ist bei Igels Frauensache.

Igel haben gute Nerven

Die meisten Igel lassen sich von Menschen und Taschenlampenlicht kaum stören. Wichtig ist nur, dass sie nicht direkt geblendet werden und dass die Zuschauer zwei, drei Meter Abstand halten. Also, auf zur Igelsafari!

Wie kommt die Spinne in den fünften Stock?

Ihr Leben hängt am seidenen Faden

Zu Fuß jedenfalls nicht. Die Winzlinge unter den Spinnen sind so leicht, dass sie schon ein Windhauch von den Füßen fegen kann; sie müssen nur zur richtigen Zeit am richtigen Ort sein. An einem windigen Tag reckt dann so ein Spinnenzwerg sein Hinterteil in die Luft, spinnt einen langen Seidenfaden und wartet einfach ab. Sobald der Wind den Faden erfasst und davonträgt, hebt die kleine Spinne ab. Wer mag, kann es selbst ausprobieren: Mini-Spinne suchen, auf die Fingerspitze krabbeln lassen – und ihr einen guten Flug wünschen. Wer weiß, vielleicht schlägt sie ja sogar den derzeitigen Spinnenweitflugrekord von über 180 Kilometern.

Garantiert reine Seide!

Spinnen haben nur wenige Freunde – leider. Wissenschaftler allerdings sind begeistert von Spinnen und zerbrechen sich die Köpfe darüber, wie man ihre Seide industriell herstellen könnte. Die hauchzarten Fäden sind reißfester und elastischer als die raffiniertesten Synthetikfasern. Außerdem bleiben die Fäden auch bei Kälte geschmeidig, sind wasserfest und lassen sich auch noch rückstandsfrei biologisch abbauen – kurzum Spinnenseide ist der Wunderstoff der Zukunft. Aber warum überlässt man die Herstellung nicht einfach den Spinnen und lässt sie in Farmen im großen Stil Fäden produzieren? Weil die lieben Tierchen nicht mitspielen: Jede Spinne bräuchte ihr eigenes Terrarium, sonst würden die Weibchen zuerst ihre Männchen und anschließend sich gegenseitig fressen. Spinnen sind zwar faszinierend, aber verträglich sind sie nicht.

Die spinnen wohl!

Spinnen spinnen, dafür sind sie bekannt. Der Faden gehört zur Spinne wie die Flosse zum Fisch und wie die Feder zum Vogel. Wo dieser Faden herkommt, kann man sehr gut sehen, wenn man einer Spinne genau aufs Hinterteil schaut: Am Ende des Hinterleibs sind deutlich winzige Gebilde zu erkennen, die wie eine Art Finger aussehen – die Spinndrüsen. Bei vielen Spinnen sind es nur zwei, bei anderen eine ganze Gruppe solcher Finger. Aus diesen Spinnwarzen drückt die Spinne bei Bedarf eine Flüssigkeit, die an der Luft sofort hart wird – so ähnlich wie Klebstoff, der ja auch halbwegs flüssig aus der Tube kommt und an der Luft fest wird.

Warum trägt die Kreuzspinne ein Kreuz auf dem Rücken?

Bestimmt könnte ein Biologe das hübsche Muster auf den Spinnenhinterteilen mit ein paar Sätzen ganz einfach begründen, aber eine Legende erklärt viel schöner, wie die Sache mit dem Kreuz passiert ist: Als Jesus in Golgatha am Kreuz hing, musste er nicht nur schreckliche Schmerzen aushalten. Auch Hitze und Durst quälten ihn … und die Fliegen plagten ihn unentwegt. Eine Spinne, die das sah, bekam Mitleid mit Jesus. Sie krabbelte zu ihm hinauf und verband seine Wunden mit selbst gesponnener Seide. Und als sie nach getaner Arbeit wieder hinabkroch, leuchtete auf ihrem Rücken ein weißes Kreuz. In Tirol heißt die Kreuzspinne deshalb auch »Mutter-Gottes-Viecherl«, weil sie Jesus geholfen hatte, wie seine Mutter es getan hätte.

Kann man im Fliegen schlafen?

Wo haben Mauersegler gelebt, bevor es Mauern gab?

So verrückt es klingt: Man kann es tatsächlich – jedenfalls wenn man ein Mauersegler ist. Sie haben ihr Leben so perfekt aufs Fliegen eingestellt, dass sie nicht einmal zum Schlafen zwischenlanden müssen. Ein Pilot im Ersten Weltkrieg konnte das beweisen: Als er in einer Vollmondnacht in etwa 3.000 Meter Höhe mit abgestelltem Motor dahinsegelte, geriet er plötzlich in einen Vogelschwarm. Einer der Vögel prallte gegen das Flugzeug und landete im Cockpit der Maschine: ein Mauersegler. Die Vögel waren schlafend durch die Nacht geflogen und hatten um diese Zeit wohl nicht mit Gegenverkehr gerechnet …

Mit 200 Sachen um die Türme!

An schönen Sommerabenden ziehen ganze Mauersegler-Schwärme schrill rufend ihre Kreise durch die Häuserschluchten. Man könnte meinen, sie versuchten, ihren Geschwindigkeitsrekord zu brechen. Und manchmal legen sie so gewagte Flugmanöver ein, dass man jeden Moment einen Auffliegunfall befürchten muss. »Screaming parties« – Kreisch-Partys – nennen Vogelkundler solche Veranstaltungen. Wozu die Vögel das wohl tun? Vielleicht macht es ihnen einfach nur Spaß.

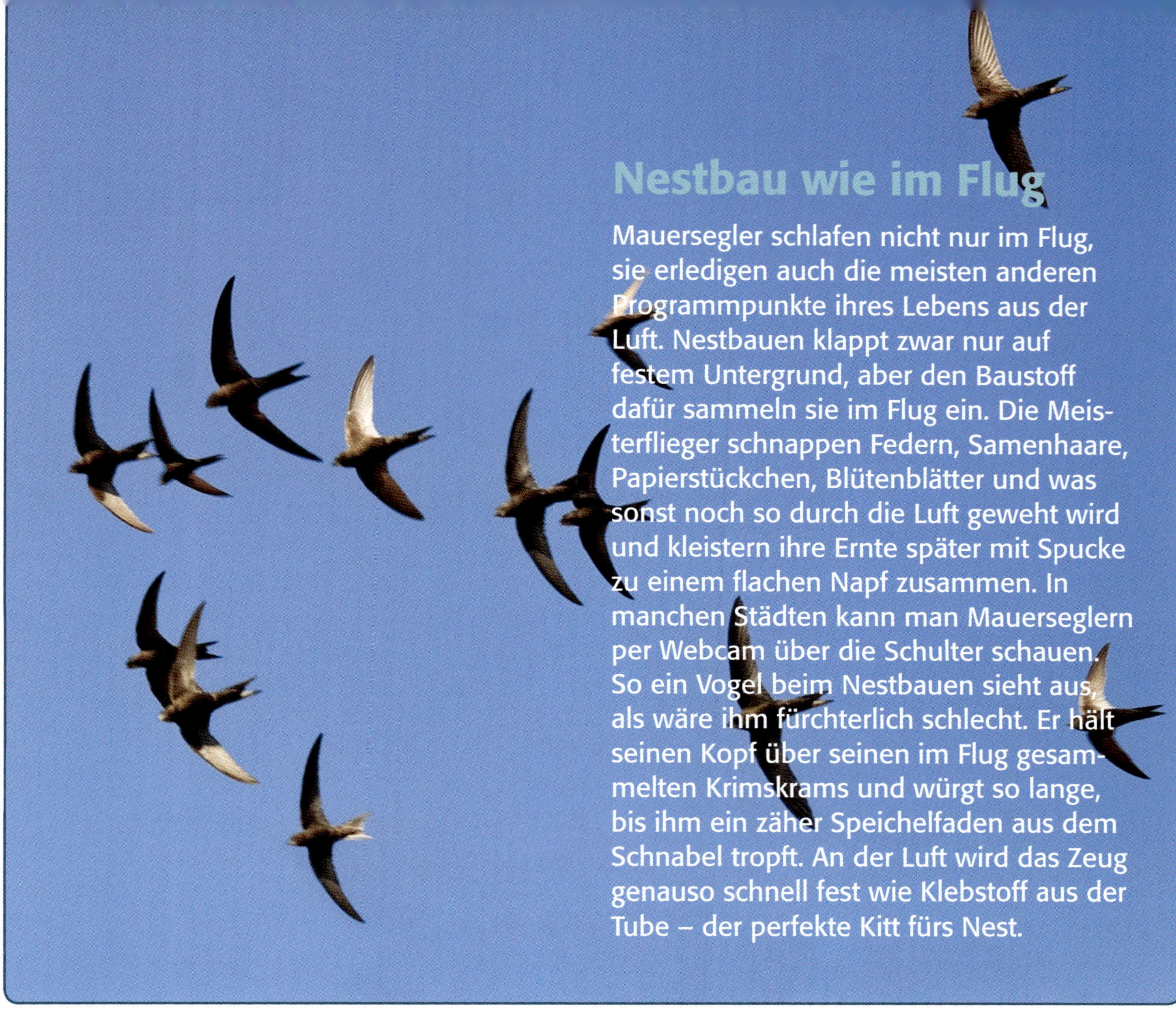

Nestbau wie im Flug

Mauersegler schlafen nicht nur im Flug, sie erledigen auch die meisten anderen Programmpunkte ihres Lebens aus der Luft. Nestbauen klappt zwar nur auf festem Untergrund, aber den Baustoff dafür sammeln sie im Flug ein. Die Meisterflieger schnappen Federn, Samenhaare, Papierstückchen, Blütenblätter und was sonst noch so durch die Luft geweht wird und kleistern ihre Ernte später mit Spucke zu einem flachen Napf zusammen. In manchen Städten kann man Mauerseglern per Webcam über die Schulter schauen. So ein Vogel beim Nestbauen sieht aus, als wäre ihm fürchterlich schlecht. Er hält seinen Kopf über seinen im Flug gesammelten Krimskrams und würgt so lange, bis ihm ein zäher Speichelfaden aus dem Schnabel tropft. An der Luft wird das Zeug genauso schnell fest wie Klebstoff aus der Tube – der perfekte Kitt fürs Nest.

Und dann sind sie plötzlich weg

Anfang August wird es auf einmal still über den Straßenschluchten: Die Mauersegler sind von einem auf den anderen Tag spurlos verschwunden. Zwar können sie eine Reihe von Hungertagen in nassen, insektenarmen Sommern gut in einem kräftesparenden Starrezustand überstehen, aber wenn für die Insekten der Sommer zu Ende ist, müssen auch die fliegenden Jäger in bessere Jagdgründe abwandern. Wie viele andere Vögel ziehen sie nach Süden. Profiflieger wie sie schaffen es, notfalls wochenlang ohne eine einzige Pause durchzufliegen. Vogelkundler haben herausgefunden, dass Mauersegler in vier Tagen gut 1300 Kilometer schaffen – und das mit einer Treibstoffmenge von nur ein paar Gramm Fett! An die 10.000 Kilometer bringen sie hinter sich, bevor sie in ihrer Winterbleibe südlich der Sahara angekommen sind. Der Schweizer Arzt Conrad Gesner (1516–1565) erklärte sich übrigens das Verschwinden der »Turmschwalben« ganz einfach: Er war überzeugt, sie würden den Winter am Grunde der Weiher und Seen verbringen.

Wozu können Ahornsamen fliegen?

Die Wanderer des Windes

Warum lassen die Ahornbäume ihre Samen nicht einfach zu Boden plumpsen und zu ihren Füßen keimen? Vielleicht deshalb, weil die Ahornwurzeln die Erde rund um den Stamm ganz schön ausgelaugt und ausgelutscht haben. Und weil Ahornkeimlinge natürlich genau die gleichen Nährstoffe brauchen wie der Mutterbaum, sind sie besser dran, wenn sie ihr Glück in einiger Entfernung versuchen. Ein wenig Wind bläst ja immer durch die Baumkrone; also müssen sich die Ahornsamen nur dem nächsten Windstoß überlassen, um auf Reisen zu gehen. Aber nicht jedem Ahornpropeller gelingt ein Volltreffer. Manche Samen enden im Rinnstein, andere stranden in einem Hauch von angewehtem Humus in einer Pflasterritze (Foto rechts). Keimen können sie hier gerade noch, groß und stark werden sie hier aber wohl kaum.

Wer am meisten trödelt, hat gewonnen

Allen fliegenden Samen geht es um das Gleiche: Sie setzen alles daran, so langsam wie nur irgend möglich abwärtszutrudeln. Denn je länger sie brauchen, bis sie auf dem Boden angekommen sind, desto mehr Zeit hat der Wind, die Samenkörner unterwegs mitzunehmen und an einen hoffentlich gastlichen Ort zu verfrachten. Ulmensamen würden bei Windstille in einer Sekunde nur 67 Zentimeter weit fallen, Löwenzahnsamen sogar nur 33 Zentimeter, die Samen der Ackerkratzdistel 25 Zentimeter, und die Zitterpappel übertrifft sie alle: Ihre flauschig behaarten Samen würden noch dreimal länger als der Löwenzahn brauchen, bis sie den Boden erreicht haben. Wenn sich das Ganze dann auch noch bei Wind oder sogar Sturm abspielt, kommen unglaubliche Rekordleistungen zustande. Ein Distelsamen fliegt ohne Weiteres leicht 10 Kilometer weit, Tannensamen sind schon acht Kilometer weit getragen worden und die kleinen Fallschirmchen des Moorkreuzkrauts haben es auf über 100 Kilometer gebracht.

Mensch, macht der einen Wirbel!

Von all den gleitenden, wirbelnden Samen hat einer richtig Furore gemacht: Ahornsamen benutzen eine Flugtechnik, die Wissenschaftler fasziniert. Mit komplizierten Messungen haben sie herausgefunden, dass die Samen deshalb so lange in der Luft bleiben, weil sie mit ihrem kreiselnden Propeller eine Art Mini-Tornado erzeugen, der den Samen ständig nach oben saugt – gerade so viel, dass er zwar noch zu Boden sinkt, aber in sehr gemächlichem Tempo. Wenn wir solche Fallschirme bauen könnten, mit denen der Fallschirmspringer nur wie eine Feder zu Boden sackt, wäre das nicht toll?

Nicht nur Vögel wissen, was gut ist

Weil die hauchdünnen Fasern der Weidenwolle so gut isolieren, wurden sie früher wie Watte verwendet und sogar wie Baumwolle versponnen. Und neuerdings gibt es in Spezialläden wieder Kopfkissen mit einer Füllung aus Pappelwolle zu kaufen.

Ein Daunenbett der Luxusklasse

Im Frühsommer, wenn Weiden und Pappeln ihre Samenmassen in den Wind schicken, sieht die Stadt aus, als sei sie von einem späten Schneegestöber heimgesucht worden. Die winzigen Samen sind mit dem Ziel losgeflogen, irgendwo ein freies Fleckchen Erde zu finden und ein langes Pflanzenleben zu beginnen – doch für viele endet die Reise in einer Sackgasse: in einem Vogelnest. Buchfinken, Distelfinken und viele andere betten ihren Nachwuchs nämlich am liebsten auf Watte – auf Pappelwatte.

Wie landen Fliegen an der Zimmerdecke?

Mit den Füßen schmecken

Eben noch ist die Fliege gleichmäßig durchs Zimmer geschwirrt. Einen Augenblick später sitzt sie auf einmal kopfunter an der Decke. Wie hat sie das angestellt? Mit einem Schraubensalto? Mit einer angeschrägten dreimal verzwirbelten Pirouette? Was aussieht wie Hexerei, ist zwar echte Akrobatik, aber immerhin erklärbar: Die Fliege surrt im Steigflug Richtung Zimmerdecke. Kurz vor ihrem angepeilten Landepunkt streckt sie die Vorderbeine so nach vorn-oben wie ein Reckturner, bevor er die Stange packt. Sobald die Vorderbeine Deckenkontakt haben, schaltet die Fliege sozusagen das Triebwerk aus und schwingt mit dem Restschub um die bereits festklebenden Vorderbeine herum. Das Ganze sieht ein wenig aus wie ein abgebrochener Feldaufschwung im Zeitraffertempo. Nach der Landung sitzt die Fliege … na? … genau: verkehrt herum an der Decke.

Warum rutschen Fliegen an der Fensterscheibe nicht ab?

Fliegen haben Haftfüße, um die sie James Bond beneiden würde: An jedem Fuß sitzen zwei Krallen und zwei Haftballen. Jeder dieser Haftballen ist mit 5.000 Hafthaaren besetzt, die an der Spitze ein klebrig-öliges Sekret absondern. Diese Sticker-Härchen sind es, die eine Fliege an der Scheibe halten.

Wie Fliegen die Welt sehen

Eine Fliege hat die unglaubliche Zahl von 4.000 Einzelaugen in jedem Facettenauge, und mit jedem davon sieht sie einen etwas anderen Ausschnitt ihrer Umwelt. Das Ganze sieht für sie vielleicht so ähnlich aus wie für uns ein grob gerastertes Bild. Insekten sehen zwar nicht sonderlich scharf, dafür können sie etwas anderes viel besser als wir: Sie können bis zu 300 Einzelbilder pro Sekunde erkennen! Und weil sie das können, stoßen zum Beispiel Mücken in einem Schwarm nicht so leicht zusammen. Vögel nehmen immerhin noch 160 Bilder pro Sekunde wahr. Für uns dagegen würden schon 48 Bilder pro Sekunde zu einem Film zerfließen, und für einen Wasserfrosch wäre das schon bei fünf Bildern pro Sekunde der Fall.

Die Fliegenlawine

Es dauert nicht lange, bis ein angebissener Apfel oder eine herumliegende Bananenschale von Fruchtfliegen umschwirrt ist. Wenn man gute Nerven hat und den Dingen ihren Lauf lässt, kann man miterleben, wie aus den paar Fliegen in wenigen Wochen Fliegenwolken werden. Fruchtfliegen vermehren sich nämlich mit einem atemberaubenden Tempo. Jedes Weibchen legt an die 400 Eier. Zwei Wochen später sind ihre Sprösslinge schon wieder geschlechtsreif und deponieren ihrerseits Eier in den Apfel und die Bananenschale. Was sich anbahnt, ist eine Kettenreaktion. Eigentlich faszinierend – nur eben ein bisschen lästig …

Was will die Fliege auf meinem Arm?

Kaum kommt jemand ins Zimmer, hört die ansässige Fliege auf, sich zu putzen, schwirrt los und landet auf der Nase, dem Arm, dem Kopf. Sie sticht nicht, sie tut nichts – aber sie nervt erheblich! Doch die Fliege hat gute Gründe für ihren Begrüßungsbesuch: Mit ihren hoch sensiblen Fühlern nimmt sie feinste Gerüche wahr. In einem Zimmer, in dem kaum etwas zu finden ist außer ein paar Topfpflanzen, ist ein eintretender Mensch ein wahres Dufterlebnis. Er muss gar nicht mal vom Örtchen kommen oder verschwitzt sein, um für Fliegen interessant zu sein. Sie erschnüffeln auch den Dufthauch des Käsebrots, das der Besucher vielleicht vor einer Stunde in der Hand hatte, oder die Limonadenspritzer, die er auf seinem Arm verkleckert hat. Grund genug, die Sache genauer zu prüfen. Und da Fliegen mit den Füßen schmecken, müssen sie auf uns herumlaufen, um zu wissen, was Sache ist.

Warum legen Vögel eigentlich Eier?

Kein Ei wie das andere!

Warum bringen sie nicht einfach Junge zur Welt? So wie eine Katze oder ein Hund? Stellen wir uns mal vor, eine Kohlmeise würde ihre zehn Jungen im Körper austragen: Sie wäre absolut flugunfähig, und das volle zwei Wochen lang. So lange brauchen die Jungen nämlich, um sich wenigstens zu nackten, blinden Küken zu entwickeln. Wenn die Meise aber quasi dafür sorgt, dass sich diese Entwicklung außerhalb ihres Körpers abspielt, während sie die Eier bebrütet, bleibt sie beweglich genug, um sich selbst zu versorgen – und notfalls zu fliehen, falls ihr ein Feind auf die Pelle rückt.

Geheimniskrämerei ist alles

Frisch geschlüpfte Singvögel sind allesamt Nesthocker: Sie können nur wackelig auf ihren Fersen hocken, ihre Augen sind noch fest geschlossen, ohne die Nesthülle und das warme Bauchgefieder der Eltern würden sie sofort auskühlen, und sie müssen häppchenweise gefüttert werden. Für eine Katze, eine Krähe, ein Wiesel wäre so ein Nest voll Vogelbabys ein Glücksfall: wehrlose Beute, die nicht weglaufen kann und die man nicht mal rupfen muss. Doch die Vogeleltern schützen ihre Brut auf ihre Weise. Singdrosseln tragen die verräterischen Eierschalen der frisch geschlüpften Jungen weit weg vom Nest. Stare schleppen den Kot ihrer Kleinen im Schnabel fort, damit keine Kotspritzer das Nest verraten. Und Rotkehlchen schleichen nur auf raffiniertesten Umwegen zum Nest.

Warum legen Blesshühner weiße Eier?

Warum haben sie keine gefleckten, getupften oder marmorierten Eier, die zwischen den Schilfhalmen des Nestes fast unsichtbar wären? Vielleicht weil sie es sich leisten können. Blesshühner schützen ihr Gelege (Foto links) nicht mit perfekter Tarnung, sondern mit grenzenlosem Mut: Wer auch immer sich zu nah an das Nest heranwagen sollte, bekommt mächtig Ärger. Ob Krähe, Ente oder Schwan, wer ihnen auf die Pelle rückt, der bezieht Prügel. Sogar ahnungslose Schwimmer, die einem Blesshuhnnest versehentlich zu nahe kommen, ziehen den Zorn der Vogeleltern auf sich.

Futter bitte hier einfüllen!

Solange junge Singvögel hilflos im Nest sitzen, müssen zwei Dinge wie am Schnürchen klappen: Die Kleinen müssen möglichst unsichtbar sein, solange die Eltern fort sind. Und sie müssen sich deutlichst bemerkbar machen, sobald Futter angeliefert wird, damit nicht das Geschwister nebenan womöglich mehr bekommt. Wer am lautesten »Hier!« schreit, hat die besten Überlebenschancen. Wenn Blaumeisenkinder (s. Foto) den Schnabel aufsperren, sehen die Eltern selbst im Halbdunkel der Bruthöhle sofort, wo sie ihre Mitbringsel einfüllen müssen: Die knallig orangefarbenen, gelb gerandeten Schnäbel sind nicht zu übersehen.

Finger weg vom Vogelnest!

Wer weiß, wo ein Vogel brütet, der sollte … auf keinen Fall ins Nest gucken! Auch wenn man es so vorsichtig anstellt, man würde unweigerlich ein paar Halme knicken – und schon erkennen Raubfeinde den Weg zum Nest.

Wie kommt das Kaninchen auf die Verkehrsinsel?

Angsthasen mit Heldenmut!

Ob sie gelernt haben, über die Straße zu huschen, wenn die Ampel gerade auf Rot steht? Jedenfalls haben es Kaninchen in einigen Großstädten tatsächlich geschafft, sogar die Verkehrsinseln zu besiedeln. Außer dem Straßenverkehr haben Kaninchen in der Stadt wenig zu befürchten: Wenn Hunde zum Sprint ansetzen, sind sie im Nu in ihren Bauen verschwunden. Wenn Füchse des Weges kommen, müssen sie nur ein wenig ausweichen, denn Stadtfüchse interessieren sich kaum für die anstrengende Kaninchenjagd; sie sind auf der Suche nach Pommes und weggeworfenen Wurstbroten. Übrigens ist die Verpflegung in Stadtparks für Karnickel erstklassig: Seit die Stadtkassen vielerorts leer sind, reicht das Geld für Dünger nicht mehr, und die Wiesen in den Parks sind so abwechslungsreich und voller Kräuter wie auf dem Land schon lange nicht mehr.

Was ist Hase? Was ist Kaninchen?

Also eins ist sicher: All die angeblichen »Hasen«, die scharenweise frech auf den Parkwiesen grasen, sind in Wirklichkeit Kaninchen (Foto unten). Woran man das sieht? Zum Beispiel daran, dass diese Mümmelmänner gemeinsam weiden gehen. Ein Kaninchen fühlt sich nämlich nur in Gesellschaft wohl; allein wäre es todunglücklich. Hasen (Foto rechts) dagegen sind Eigenbrötler; nur in der Paarungszeit machen sie eine Ausnahme. – Und was passiert, wenn ein Hund auftaucht? Sausen alle Hoppler in den nächsten Baueingang? Dann sind's eindeutig Kaninchen. Nur sie wohnen in Erdbauen. Hasen dagegen rasen im Höchsttempo davon oder drücken sich schnell in eine Mulde, wo sie reglos sitzen bleiben. Unter die Erde aber gehen sie auf keinen Fall. Und wenn man sich die Tiere mit dem Fernglas genauer ansehen kann, verschwinden auch die letzten Zweifel: Kaninchen haben dunkle Kulleraugen, Hasen aber haben helle, fast stechende Bernsteinaugen. Außerdem haben Kaninchen viel kürzere Ohren und sind nur halb so groß und schwer wie ein Hase.

Buddeln ist Frauensache!

INFO

Wer baut eigentlich das Labyrinth aus Gängen, Kesseln und rettenden Röhren, in die sich Kaninchen verkrümeln können, wenn's brenzlig wird? Ehrlich gesagt, herrscht bei Kaninchen nicht gerade Gleichberechtigung; Buddeln ist bei ihnen eher Frauenarbeit. Die Männchen – die Kaninchenböcke – kratzen allenfalls halbherzig ein bisschen mit. An einem 5 Jahre alten Bau, an dem mehrere Generationen von Kaninchen mitgebuddelt hatten, zählten Wissenschaftler 150 Eingänge! Hätten sie alle Gänge aneinandergehängt, wäre eine Röhre von 517 Meter Länge entstanden. Nicht schlecht für etwas, das nur mit bekrallten Vorderpfoten gebaut worden ist, oder?

Die vermehren sich ja wie die Karnickel

Kaninchen geht es in Städten so paradiesisch, dass sie sich stellenweise lawinenartig vermehrt haben: Ein Weibchen bekommt vier- bis sechsmal pro Jahr drei bis vier Junge, und ihre Kinder sind nach acht Monaten auch schon wieder geschlechtsreif. Ein paar trächtige Weibchen können der Start für eine wahre Kaninchenlawine sein, denn in der Stadt können sie sich fast ungestört vermehren: Weder Füchse noch Hunde stören sie in ihrem Schlaraffenleben. Nicht einmal von Jägern haben sie etwas zu befürchten – jedenfalls nicht von ihren Gewehren, denn Schusswaffen sind in Siedlungen verboten. Manchmal allerdings besinnen sich Jäger auf urige Jagdmethoden: Mit Jagdfalken und Habichten und mit abgerichteten Frettchen rücken sie den Stadtkaninchen hin und wieder auf den Bau.

Warum werden im Herbst die Blätter bunt?

Wirbelnde Blätter gehören zum Herbst wie Schneeflocken zum Winter

Wozu sind all die Farben gut? Und wo kommen sie her? Was für unsere Augen neu erscheint, ist in Wirklichkeit immer schon dagewesen – im Blatt, aber gut versteckt im Hintergrund. Der grüne Blattfarbstoff Chlorophyll, der aus Licht, Wasser und Kohlendioxid Nahrung für seine Pflanze herstellt, hat alle anderen Farbstoffe überdeckt. Im Herbst aber, wenn Büsche und Bäume alles Wertvolle abbauen und deshalb auch das Chlorophyll aus den Blättern abtransportieren, kommen all die getarnten Farbstoffe zum Vorschein. Aus Grün wird Bunt.

Restlos abgenadelt

Lärchen sind doch Nadelbäume, oder? Weshalb werfen sie dann trotzdem alljährlich ihre Nadeln ab? Wenn man sich Lärchennadeln genau ansieht, weiß man, warum: Die Nadeln sehen ganz anders aus als die starren, dicken Fichten-, Kiefern- und Tannennadeln. Sie sind weich, zart, biegsam – und gegen Wasserverlust überhaupt nicht gut geschützt. Bis zum nächsten Frühjahr würde die Lärche unweigerlich verdursten, wenn sie ihre Nadeln im Herbst nicht schnellstens abwerfen würde.

Nichts wie weg damit!

Die kürzer werdenden Tage und die kühleren Temperaturen im Herbst sind für Laubbäume und Büsche ein klares Zeichen: Die Saison ist zu Ende, es wird Zeit, sich auf den Winter vorzubereiten und die Blätter abzuwerfen. Würden sie ihr Laub behalten, könnten sie im Winter womöglich verdursten. Blätter haben nämlich unendlich viele Poren, durch die sie Luft aufnehmen, aber auch eine Menge Wasser verdunsten. Im Sommer ist das auch in bester Ordnung, denn die Wurzeln liefern normalerweise genügend Wasser nach. Im Winter aber, wenn der Boden gefroren ist, versiegt die Wasserzufuhr und der Baum würde über kurz oder lang austrocknen. Ohne Blätter aber kann er auf Sparflamme gehen und bis zum Frühjahr »durchschlafen«.

Echte Spitze: Blattskelette im Laubhaufen

Wenn man unter Bäumen und Büschen ein wenig sucht, findet man Blattreste, die wie Spitzendeckchen aussehen: Nur ein hauchfeines Netz aus Adern ist übrig, alles andere ist verschwunden. Das Blatt ist von einem Heer winziger Lebewesen benagt und bearbeitet worden, die zu Milliarden im Boden leben. Doch bis sie ein Blatt in ein Spitzendeckchen verwandelt haben, vergehen zwei volle Jahre. Und erst nach fünf Jahren ist ein Blatt restlos zersetzt.

Warum behalten Fichten und Tannen ihre Nadeln?

Warum dürfen Fichten, Kiefern und Tannen sich etwas erlauben, das Laubbäume nicht können? Warum behalten sie ihre Nadeln das ganze Jahr über? Weil sie eine andere Methode gefunden haben, um mit der Durststrecke im Winter klarzukommen: Sie schützen ihre Nadeln mit einer dicken Wachsschicht gegen den Wasserverlust. So eine Fichtennadel kann 10 Jahre lang am Zweig sitzen, bevor sie ausgemustert und durch eine neue ersetzt wird. Immergrüne Büsche – Buchsbaum, Stechpalme und ein paar andere – machen es übrigens genauso. Sie können im Winter ihr Laub behalten, weil ihre Blätter wie die Tannennadeln mit einer dicken Wachsschicht geschützt sind.

Warum stolpern Tausendfüßer nicht?

Zwischen toten Blättern boomt das Leben

Wenn man einem Tausendfüßer zusieht, wie er sich auf seinem Bein-Gewimmel durch die Laubstreu windet, fragt man sich vor allem eins: Warum stolpert der eigentlich nicht über seine eigenen Füße? Wir Menschen haben ja mit unserer überschaubaren Anzahl von zwei Beinen oft schon Schwierigkeiten. Aber Tausendfüßer haben das viel besser im Griff: Bei ihnen läuft die Aktion »Laufen« nicht unter der Regie des Gehirns. Stattdessen sagt gewissermaßen jedes Beinpaar dem nächsten Bescheid, wann es dran ist. So kann es gar nicht vorkommen, dass Beine zu früh losmarschieren, wenn die Kollegen vor ihnen mit ihrem Schritt noch gar nicht fertig sind. Das Ergebnis anzusehen ist ein Hochgenuss: eine harmonisch dahinflutende Welle aus Beinen!

Haben Tausendfüßer wirklich tausend Füße?

Tausendfüßer (Foto rechts) sehen aus wie geringelte Würste mit einer Franse aus Beinen an jeder Seite. Ihr Name lässt ahnen, wie beeindruckt die frühen Biologen von diesem Beingeflimmer gewesen sein müssen. Aber mal ganz ehrlich: Kein Tausendfüßer nennt tatsächlich tausend Beine sein Eigen. Rekord sind rund 750 Beine – aber so beinreich ist nur eine große tropische Art. Die größten Tausendfüßer bei uns sind immerhin auf rund 100 Beinpaaren unterwegs. Das ist doch auch schon ganz nett, oder?

Im Kettenhemd durchs Leben

Unter Steinen und im Bodenmulm, überall dort, wo es schön dunkel und feucht ist, führen die Rollasseln (Foto S. 76) ihr heimliches Leben. Die zentimeterlangen Winzlinge erinnern ein wenig an Gürteltiere: gut gepanzert und doch beweglich. Wenn sie vor etwas erschrecken, flitzen sie nicht etwa schnellstens in die nächste Deckung, sondern rollen sich zu einer Panzerkugel zusammen. Alles, was verwundbar ist – Beine, Bauch und Fühler –, steckt gut verpackt im Kettenhemd. Doch oft merkt ein Fressfeind nicht einmal, dass da ein leckeres Beutetier vor ihm liegt. Eingekugelte Rollasseln sehen nämlich einem Kieselstein so ähnlich, dass sie meistens einfach übersehen werden. geschafft.

Vorsicht bissig!

Zwischen toten Blättern und in morschen Baumstümpfen sind vielbeinige Krabbeltiere unterwegs, die deutlich weniger Beine als die Tausendfüßer haben. Sie sind nicht rund wie eine Wurst, sondern abgeplattet – und ganz schön wehrhaft! Hundertfüßer haben Kiefer so spitz und hohl wie Injektionsnadeln, mit denen sie ihren Beutetieren Gift einspritzen können. Insekten, Asseln oder Schnecken, die ihren Weg kreuzen, sterben einen schnellen Tod. Durch unsere dicke Haut kommen die wehrhaften Krabbeltiere zwar nicht ohne Weiteres durch, aber wenn man sie SEHR ärgert, schaffen sie es mit etwas Anstrengung dann doch. So ein Stich ist immerhin so schmerzhaft wie ein Bienenstich. Muss man nicht haben, oder?

Was macht den Star zum Star?

Deutschland sucht den Super-Star!

Ein singender Starenmann ist ein Event, eine Ein-Mann-Show, eine Ereignis. Mit zitternden Flügeln und gesträubten Kehlfedern steht er auf seinem Nistkasten und schnarrt, schmatzt, pfeift und klingelt, als müsste er eine Jury überzeugen. Und genau so ist es auch: Die Starenweibchen sind die Jury. Bei ihnen kommen nämlich die Starenmänner am besten an, die beim Singen am meisten Puste haben und die meiste Abwechslung in ihre Gesangsnummer bringen.

Brüten und brüten lassen

Starenweibchen legen bis zu acht Eier, brüten fast zwei Wochen lang und füttern ihre Sprösslinge dann auch noch volle drei Wochen. So was ist ganz schön anstrengend. Aber wozu die Mühsal, wenn man die Arbeit auch anderen hinschieben kann? Manche Starenfrauen legen verstohlen ein paar ihrer Eier in benachbarte Nistkästen. Wenn's klappt, werden ihre Jungen nebenan ausgebrütet, gewärmt und gefüttert, ohne dass sie selbst auch nur einen Flügelschlag tun müssen. Wenn die Nachbarin allerdings Verdacht schöpft, wirft sie das fremde Ei hinaus.

Mal Tropfenmuster, mal Glitzerlook

Im Herbst sehen erwachsene Stare aus, als hätten sie am ganzen Körper weiße Sommersprossen. Auf den Federn sitzen helle Spitzen, die sich zu einem tollen Perlmuster auf dunklem Grund zusammenfügen. Im Frühjahr aber treten dieselben Vögel auf einmal im mondänen Glitterlook auf: Das Gefieder schillert von Purpur bis Grünlich, als hätte man den Vogel mit dunklem Metalliclack überzogen. Wie kommt das? Frisch gemausert? Was wie eine nagelneue Federgarnitur aussieht, ist eigentlich das abgenutzte Kostüm vom vorigen Jahr: Die hellen Spitzen haben sich peu à peu abgewetzt, sodass gewissermaßen die Satinunterwäsche zum Vorschein kommt.

Ein Zugvogel mit Sitzfleisch

Im Herbst, wenn auch die letzten Nachzügler flügge geworden sind, sammeln sich die Stare zu gewaltigen Schwärmen und streifen auf Futtersuche weit umher. Wenn man so einen Mega-Vogelschwarm sieht, könnte man meinen, der Wind treibe eine düstere Wolke vor sich her. Wie auf ein geheimes Kommando schwenkt der ganze Schwarm ab, steigt auf oder teilt sich, wenn ein Greifvogel auftaucht. Ganze Wiesen sind im Herbst von nickenden, pickenden Staren übersät. Stromleitungen verschwinden fast unter dem Ansturm Zigtausender Vögel. Und wenn Stare eine Baumgruppe in der Innenstadt zum Übernachtungsplatz auserkoren haben, übertönt ihr Palaver selbst den Lärm des Berufsverkehrs. Früher haben sich solche Riesenschwärme irgendwann auf den Weg ins Winterquartier gemacht. Heute aber, da die Winter immer milder und die Futterversorgung in den Städten immer besser wird, ist so viel Aufwand gar nicht nötig. Es wird wohl nicht mehr lange dauern, bis die Stare Standvögel geworden sind.

Wie oft fliegen Bienen für ein Kilo Honig?

Manchmal haben Bienen die Hosen voll

Ungefähr 60.000-mal müssen Bienen zum Stock fliegen, damit ein einziges Kilogramm Honig entsteht! Ihre Einkaufstasche für Nektar ist der Honigmagen. In dieses stecknadelkopfgroße Bläschen passen allerdings höchstens 60 Kubikmillimeter Nektar. Erst nach drei bis fünf Millionen Blütenbesuchen – manche Blüten sind ergiebig, andere lohnen kaum den Anflug –, haben die Arbeiterinnen endlich drei Kilogramm Nektar gesammelt. Das ist zwar eine ganze Menge, aber Nektar ist ja noch kein Honig. Die Sammelbienen übergeben (das darf man wörtlich nehmen) ihren Mageninhalt an Bienen von der nektarverarbeitenden Brigade, die den Nektar auf etwa die Hälfte eindicken. Diese entwässerte Flüssigkeit füllen Arbeiterinnen nun in Wachszellen, setzen sich darüber und lassen die Flügel schwirren wie lebende Ventilatoren. Wenn sie den Honig drei Tage lang »geföhnt« haben, enthält er nur noch etwa 20 Prozent Wasser und ist gewaltig geschrumpft. Aus drei Liter Nektar ist ein einziges Kilo Honig geworden.

Das große Pollenraten

Wer sich ein bisschen auskennt, kann an der Farbe der Höschen an den Bienen-Hinterbeinen erkennen, wo die Biene sich kurz zuvor bedient hat: Rapspollen ist hellgelb; aber auch Apfelblüten liefern je nach Sorte hell- bis dunkelgelben Pollen; Pollen von Taubnesseln ist fast blutrot; hat die Biene auf einem Phazelia-Feld aufgetankt, trägt sie dunkelblau gefüllte Körbchen; und eine Sammeltour bei Klaschmohnblüten bringt schwarze Höschen.

Gründlich eingestaubt!

Wenn man Bienen, die gerade Nektar getankt haben, beim Abflug beobachtet, kann man etwas Seltsames sehen: Sie rubbeln im Flug die Beine zuerst gegen den Körper und dann gegeneinander. Der Sinn dieser eigenartigen Gymnastik: Die Bienen befördern damit den Blütenstaub aus ihrem Pelz in die »Körbchen«; so heißen die flachen von Borsten gesäumten Mulden an der Außenseite der Hinterbeine. Damit das staubige Zeug dort auch wirklich kleben bleibt, vermischen sie es mit ein wenig Nektar, bis ein klebriger Teig entstanden ist. Die Pollen-Nektar-Klopse, die außen an den Hinterbeinen kleben, erinnern ein wenig an Pluderhosen und werden von Imkern deshalb liebevoll »Höschen« genannt.

Wo kommt das Bienenwachs her?

Jeder hat schon mal Bienenwachs gesehen – auf dem Christkindlmarkt als Weihnachtskerze oder als Wabe in den Gläsern mit dem besonders guten Honig. Und jeder weiß, dass Bienenwachs das Material ist, aus dem Bienen die Waben bauen. Aber wo kriegen sie es her? Sammeln sie Baumharz und kneten daraus ihre Waben? Dicken sie ihren Honig noch weiter ein und verwenden ihn als Mörtel? Nein, sie produzieren das Wachs tatsächlich selbst. Bienen haben auf dem Bauch am Hinterleib beidseitig mehrere Drüsen, aus denen sie Wachs ausschwitzen können. Doch Wachsschwitzen ist anstrengend und kostet eine Menge Energie. Um ein Kilo Wachs abzusondern, müssen Bienen mindestens vier Kilogramm Honig futtern.

Warum mögen Schnecken kein Moos?

Ohne Moos nix los

Komisch eigentlich: Sogar die Spanischen Wegschnecken, die erklärten Feinde aller (Hobby-)Gärtner, die so ziemlich alles niedermachen, was nicht für sie bestimmt ist, lassen Moos in Ruhe. Dabei sind die appetitlich grünen Polster nicht mal giftig. Sie sorgen einfach dafür, dass sie nicht schmecken: In dem Augenblick, in dem Moos angeknabbert wird, schwitzt es eine chemische Substanz aus, die Schnecken einfach zum Davonkriechen finden. Wenn man diesen Ekelstoff aus Moos gewinnen könnte, hätte man endlich ein Mittelchen entdeckt, das viel besser wirkt als Schneckenkorn – und weder Igel noch Spitzmaus vergiftet.

Leben, wo's kaum einer aushält

Manche Moose sind wirklich hart im Nehmen. Silbermoos zum Beispiel wächst in Pflasterritzen und in rissigen Betonfugen – ausgerechnet dort, wo kaum eine andere Pflanze überleben kann. Es macht ihm nicht mal etwas aus, wenn jeder auf ihm herumtrampelt und ihm die Sonne auf die silbrigen Triebe knallt. Im Gegenteil: Sonne ist ihm gar nicht einmal so unrecht, denn sie hält die Konkurrenz auf Abstand. Im feuchten, kühlen Schatten, wo es ihm durchaus gefallen könnte, wird es im Nu von anderem Grünzeug überwuchert. Da bleibt es doch lieber auf verlorenem Posten, wo ihm niemand den Platz streitig macht.

Moose haben keinen Fan-Club

Wer begeistert sich schon für Moose? Sie sind weder bunt noch spektakulär, sie sind einfach nur grün. Ihre wahre Schönheit entdeckt man erst auf den zweiten Blick. Ist so ein Frauenhaar-Moos mit seinem Wald aus Sporenträgern auf ihren roten Stängeln (Foto oben) nicht ein Hit? Sehen Moospolster im Gegenlicht (Foto links) nicht unglaublich aus? Moose können übrigens etwas, das Blumen, Büsche und Bäume nicht zustande bringen: Sie kommen ohne Wurzeln aus. Sie brauchen keine komplizierten Wasserleitungen, um ihre Blättchen zu versorgen. Sie brauchen nicht mal Blüten, denn sie müssen keine Insekten anlocken, um sich von ihnen befruchten zu lassen; das schaffen Moose ohne fremde Hilfe: Sie lassen die Samenzellen einfach zu den Eizellen schwimmen. Ein Regentropfen genügt schon, um das Pflanzensperma darin auf große Fahrt zu schicken.

Gibt's Bären mit acht Beinen?

Wenn man ein feuchtes Moospolster genau unter die Lupe nimmt, kann man sie sehen, die Bärtierchen. Die meisten sind kaum einen Millimeter groß und erinnern mit ihren walzenförmigen Körpern, den bekrallten stämmigen Beinchen und den tapsigen Bewegungen tatsächlich an winzige Bären. Eigentlich leben sie am liebsten im Wasser, aber bei ihrer Winzigkeit genügt schon ein halber Tropfen für ein Vollbad. Und was machen sie, wenn es wochenlang nicht regnet? Dann gehen sie einfach auf Stand-by-Betrieb. Sie brauchen nur eine knappe Stunde, um zu winzigen Schrumpelkugeln einzuschrumpfen. In diesem Stadium halten sie fast alles aus, extreme Hitze genauso wie tiefste Fröste, und das zur Not jahrelang. Als Schrumpelwesen in Staubkorngröße kann jeder Windstoß sie wegwehen – und das ist gut so: Vielleicht landen sie ja an einem feuchteren, komfortableren Ort?

Was will der Falke auf dem Turm?

Von einem, der auszog, die Stadt zu besiedeln

Turmfalken brauchen Türme, oder? Na ja, genau genommen brauchen sie Felsen, denn bevor es Häuser oder Türme gab, nisteten die kleinen Falken im Gebirge und an Felsabstürzen. Doch wie viele andere Tiere fanden auch sie heraus, dass die menschengemachten »Felsen« ein hervorragender Ersatz für ihre ursprüngliche Wohnadresse sind. Einen Haken haben die Kunstfelsen allerdings: Sie verändern sich nach dem Geschmack der Menschen – und der nimmt selten Rücksicht auf die Bedürfnisse der Tiere. An Neubauten mit geschniegeltem Beton-Glas-Stahl-Korsett findet sich nicht mal mehr ein Sitzplatz für Falken, geschweige denn ein Nistplatz. Werden Altbauten saniert, verschwindet auch noch die letzte Nische, das letzte Einschlupfloch. Doch glücklicherweise sind Falken nicht kleinlich: Wenn sich nichts anderes findet, brüten sie auch in Nistkästen.

Was gibt's denn da zu kichern?

Turmfalken kann man vielleicht übersehen, aber zu überhören sind sie kaum. Ihr »Gigigigi«, das ein wenig wie abgehacktes schrilles Gekicher klingt, übertönt sogar Motorenlärm, Stimmengewirr und Autohupen. Wer vor Ahnungslosen mal den Vogelkenner spielen will, muss nur in der Nähe von Kirchtürmen auf den nächsten Lachanfall aus der Luft warten und dann ein lässiges »Aha, Turmfalken« murmeln. Kommt immer gut!

Die fliegenden Schnäppchenjäger

Wer Turmfalken für pfeilschnelle Jäger der Lüfte hält, die sogar durchtrainierten Brieftauben nachhetzen, der irrt sich. Fliegende Vögel erwischen sie allenfalls ausnahmsweise. Ihr Fach sind eher Mäuse – oder Tiere, die wie Mäuse am Boden unterwegs sind oder sich im Vorbeiflug überrumpeln lassen. Wenn Jungspatzen noch ungeschickt im Staub herumhopsen, jagen die Turmfalken junge Spatzen. Wo sich Wühlmäuse durch den Parkrasen buddeln, schnappen sie sich diese. Wenn die Heuschrecken über alle Wiesen hüpfen, sammeln sie Heuschrecken ein, und an regnerischen Sommertagen gehen sie sogar auf die Regenwurmjagd. Kurzum: Turmfalken sind Schnäppchenjäger; sie leben von dem, was gerade im Sonderangebot zu haben ist und sich mit vertretbarem Aufwand kriegen lässt.

Die WG auf dem Kirchturm:

Seit vielen Jahren kämpfen Naturschützer dafür, dass alte Gebäude ihre »Runzeln« und »Falten« behalten dürfen. Alte Kirchtürme und Altbauten mit ihren Schlupflöchern und Nischen sind nämlich nicht nur ein Paradies für Turmfalken. Auch Schleiereulen, Dohlen, alle möglichen Fledermäuse und Mauersegler wissen solche Penthousewohnungen zu schätzen.

Woran erkennt der Falke einen Mäuse-Highway?

Er sieht es auf einen Blick – sogar dann, wenn alle Mäuse unter der Erde sind. Turmfalken können nämlich etwas sehen, was wir nicht können. Sie nehmen UV-Strahlung wahr. Mäuse haben die Angewohnheit, ihre Wege mit Urin zu bekleckern – und diese Urinspuren reflektieren UV-Licht. Wenn nun die Sonne auf ergiebiges Mäuseland scheint, ist das Verkehrsnetz der Mäuse für einen Turmfalken schon von Weitem zu erkennen.

Wovor erschrecken Heuschrecken?

Heuschrecken und Grillen – die Skiffle-Band der Wiesen

Heißen Heuschrecken so, weil sie gerne Heu fressen und wahnsinnig schreckhaft sind? Nein, falsch geraten. »Schrecke« kommt von »scricken«; das ist der althochdeutsche Ausdruck für »springen« – und das können sie wirklich meisterhaft. Und wie sieht's mit dem Lieblingsfutter aus? Heu, je trockener desto besser? Ach, woher denn! Zwar hüpfen im Heu auf abgemähten Wiesen jede Menge heimatlos gewordener Heuschrecken herum, aber zwischen den Kiefern haben sie lieber knackiges Grünzeug – oder auch mal knackige Insekten. Besonders das kleinfingerlange Grüne Heupferd geht viel lieber auf die Jagd als auf die Weide. Wer die Kunst des schweigenden Stillsitzens beherrscht, kann ihm dabei sogar zusehen: Entweder springt es seine Opfer an oder es schleicht sich bis auf Reichweite heran wie die Katze an die Maus. Wenn die Beute erst mal zwischen den bedornten Vorderbeinen klemmt, ist sie verloren.

Der Gesang der Wiesen

Das Zirpen der Heuschrecken ist die Stimme des Hochsommers. Unermüdlich schrammeln die Grashüpfer und Heupferde und Grillen ihre Lockgesänge durch den Halmurwald, und alle wollen nur das eine: bei den Weibchen Eindruck schinden. Bei Heuschrecken herrscht nämlich Damenwahl: ER ruft und SIE reagiert – oder auch nicht. Da hilft nur, noch mehr Einsatz zeigen, noch einschmeichelnder zirpen, bis SIE ihre anfängliche Reserve aufgibt, leise antwortet, vorsichtig näher krabbelt und ER endlich »aufsitzen« darf.

Spitz die Knie und hör gut zu!

Auch wenn man sich eine Heuschrecke noch so genau ansieht: Ohren, wie wir sie uns vorstellen, sind nirgends zu entdecken. Das heißt aber nicht, dass die Hüpfer taub seien – sonst würde ja auch das Gezirpe wenig Sinn machen. Grüne Heupferde haben Ohröffnungen an … den Vorderbeinen. Und Grillen und Grashüpfer haben ihre Ohren an einer noch ausgefalleneren Stelle: am Hinterteil.

Wo sitzt die Zirpe?

Mit etwas Geduld kann man Grashüpfern beim Zirpen nicht nur zuhören, sondern auch zusehen: Sie stellen die Sprungbeine steil auf und bewegen sie dann hektisch auf und ab. Bei diesem Vibrato reibt eine geriffelte Leiste an der Oberschenkelinnenseite gegen eine harte Kante am Flügel. Das Geräusch klingt ein bisschen so, als hätte jemand schnell ein Stöckchen über die Zähne eines Kamms gestrichen. – Auch Heupferde und Grillen arbeiten mit Zackenleiste und Kante, nur dass bei ihnen die beiden »Instrumente« an den Flügelrändern sitzen. Sie zirpen, indem sie die beiden Flügel rasend schnell gegeneinander vibrieren lassen. – So ähnlich die Instrumente sind, so verschieden sind die Gesänge: Jede Heuschreckenart hat ihren eigenen unverwechselbaren Rhythmus.

Wie schlingt eine Schlingpflanze?

Mit Lasso und Leim – und viel Gefühl

Zaunwinden machen es sich einfach. Sie kommen bequem nach oben zum Licht, ohne sich erst wie andere Pflanzen stabile Stängel zulegen zu müssen. Sie hängen sich einfach an irgendetwas Tragfähiges dran, das gerade in Reichweite ist – zum Beispiel an andere Pflanzen oder Zäune. Wie sie ihre Stütze suchen und finden, wirkt richtig schlau: Der Trieb wächst einfach im Kreis herum, bis er an etwas Festes stößt. Hat er Anschluss gefunden, ringelt er sich um den Stützpfeiler herum – zielsicher nach oben.

Geh'n wir Erbsen ärgern?

Wenn Platterbsen hoch hinauswollen, stellen sie das ein wenig anders an als die Zaunwinden: Sie wickeln sich nicht mit ihrem ganzen Stängel um ihre Stütze, sondern halten sich nur mit fadendünnen Ranken fest, die aus jeder Blattspitze sprießen. Aber woher wissen sie, wann sie mit ihren Rankenfingern zupacken müssen? Sie fühlen es – und das lässt sich sogar beweisen: Wenn man mit einem Grashalm an der »Bauchseite« der Rankenfäden entlangstreicht und dann ein paar Minuten abwartet, krümmt sich die Ranke deutlich nach innen – dorthin, wo sie den Haltepunkt »vermutet«. Bei Wicken funktioniert die Kitzelei übrigens genauso gut.

Alles im grünen Bereich!

Wo ein grüner Pelz aus wildem Wein, Efeu oder Pfeifenwinde die Hauswände überzieht, bleiben Hitze und Kälte draußen. Nackte Wände heizen sich im Sommer bis auf 60 Grad auf – und machen die Stadt zum Backofen. Grün überzogene Wände aber werden höchstens 30 Grad warm. Im Winter wiederum wirkt der Pflanzenpelz wie ein Pullover: Während nackte Wände bis auf 10 Grad minus abkühlen, bleiben sie unter einer Efeuhülle um 5 Grad wärmer. Eigentlich müssten in Zeiten des Klimawandels grüne Fassaden Pflicht sein!

Immer an der Wand lang

Welch anhängliche Pflänzchen Efeu oder wilder Wein sind, stellen Gartenbesitzer spätestens dann fest, wenn sie die Triebe von der Mauer lösen wollen. Efeu (Foto links) krallt sich mit einem Fransensaum aus unzähligen winzigen Haftwurzeln in die kleinste Ritze; wilder Wein leimt sich zunächst mal mit klebrigen Haftscheiben auf die Mauer (Foto oben) und wächst dann mit diesen Haftfüßen in feinste Unebenheiten hinein. Die beiden Pflanzen sind mit ihrem Untergrund geradezu verheiratet. Kein Wunder, dass der anschmiegsame Efeu für unsere Vorfahren das Sinnbild der ewigen Verbundenheit war. Brautpaare wurden mit Efeuzweigen bedacht. Und auf Friedhöfen wächst Efeu noch heute besonders üppig – ein Symbol der Treue über den Tod hinaus.

Warum bekommen Spechte keine Gehirnerschütterung?

Wozu das Getöse? Damit die Konkurrenten wissen, dass dieses Revier schon besetzt ist.

… und warum fallen sie nicht nach dem ersten Trommelwirbel mit rasenden Kopfschmerzen vom Ast? Weil sie so etwas Ähnliches wie einen Stoßdämpfer im Kopf haben! Der Meißelschnabel ist nicht fest mit dem Schädel verwachsen, sondern höchst raffiniert abgepuffert. Lässt zum Beispiel ein Buntspecht seinen Schnabel mit rund 25 km/h aufs Holz knallen, bleibt das empfindliche Gehirn von diesem Aufprall unbehelligt.

Wozu der Lärm?

Wenn ein Buntspecht im Spätwinter und Frühjahr so richtig loslegt, kann der Schnabel bis zu 20-mal pro Sekunde aufs Holz knattern – und das über 100-mal am Tag! Am liebsten trommeln Spechte auf dicke, dürre Äste, die wie Verstärker wirken: Bis zu 800 Meter weit kann man das Getrommel hören. Doch »moderne« Spechte haben herausgefunden, dass sich noch viel mehr Eindruck schinden lässt, wenn man auf Fahnenmasten, Fernsehantennen oder Dachrinnen einhämmert. Aber wozu das Ganze? Damit die Konkurrenten wissen, dass dieses Revier schon besetzt ist. Und damit Weibchen wissen, dass ein Grundbesitzer Anschluss sucht.

Zwischen Baum und Borke

Viel »besonnener« klingen die Schnabelschläge, wenn ein Specht auf Futtersuche ist. Mit genau platzierten Hieben löst er Rindenstücke ab, unter denen Insekten und ihre Larven ihr vermeintlich sicheres Leben führen. Es nützt ihnen nichts, wenn sie sich in ihre Bohrgänge zurückziehen; die lange, dünne Spechtzunge folgt ihnen zentimeterweit ins Holz und spießt sie auf wie eine Harpune. Sogar Insekten, die zu hartschalig zum Aufspießen sind, sind verloren: Sie werden einfach »geleimt«, denn Spechtspucke ist klebrig wie Kleister. Insekten bleiben an der Zunge hängen wie an einem Fliegenfänger. Übrigens: In Stadtparks, wo Buntspechte sich an Menschen gewöhnt haben, kann man auch mal das Ohr an den Stamm legen, wenn oben ein Specht aufs Holz hämmert. Klingt eindrucksvoll!

Isolieren ist eine gute Sache

… das finden nicht nur Klimaschützer, sondern auch Buntspechte: Mit Dämmputz werden sie genauso leicht fertig wie Baumholz. Und – wie angenehm! – die Styroporschicht darunter lässt sich sogar noch leichter bearbeiten als das Innere eines kernfaulen Baumes. Wer sich mit einer Spechthöhle in der Isolierung nicht anfreunden kann, dem hilft nur ein neuer Glattputz: Spechte hängen ihre Krallen wie Kleiderbügel in kleinste Unebenheiten. Wo alles glatt ist, finden sie keinen Sitzplatz und können auch nicht mit den Bauarbeiten beginnen.

Ist ein Ameisenhaufen bloß ein Haufen Ameisen?

Die Tiefgarage unter der Wiese

Auf jeder Wiese, über die nicht im Wochenrhythmus der Rasenmäher rattert, sind sie zu Hause, die halbzentimetergroßen schwarzen Wegameisen. Hier und da sieht man zwischen den Halmen ihre kleinen, lockeren Hügelnester aufragen, aber noch lieber legen sie ihre Nester unter Steinplatten an. Wenn man so eine »bewohnte« Steinplatte anhebt, kann man den Ameisen direkt ins Wohnzimmer schauen und ihre pedantisch sauber gehaltenen Laufgänge und Nestkammern bewundern (Foto rechts). Und man kann den Arbeiterinnen zusehen, wie sie sich pausenlos an den Larven und den reiskorngroßen weißen Ameisenpuppen zu schaffen machen. Die Brut braucht nämlich eine ganz bestimmte Temperatur und Luftfeuchtigkeit, damit sie sich gut entwickelt. Den Arbeiterinnen bleibt also nichts anderes übrig, als den Nachwuchs ständig zu betüdeln und herumzutragen – immer dorthin, wo das Raumklima gerade dem Geschmack der Sprösslinge entspricht.

Immer den Fühlern nach

Komisch: Wenn man bei einem Picknick den Obstkuchen wegzupacken vergisst, sind wenig später die Ameisen da – in Kompaniestärke. Wie haben die das nur wieder mitgekriegt? Wahrscheinlich hat eine Kundschafterin den Kuchen erschnüffelt und sofort Verstärkung angefordert – und das funktioniert so: Sie wuselt eiligst zum Nest zurück und markiert dabei immer wieder den Weg; in kurzen Abständen tupft sie ihr Hinterleibsende auf den Boden und stempelt dabei eine winzige Menge Duftsekret auf den Untergrund. Trifft sie Nestkolleginnen, gibt sie ihnen mit Fühlergetriller zu verstehen, dass sie einen Sensationsfund gemacht hat. Sicherheitshalber würgt sie noch kleine Probierhäppchen hervor und verteilt sie großzügig an ihr Publikum. Wenn die Nestgenossinnen von dem Projekt überzeugt sind, müssen sie sich nur noch auf der Duftspur entlang zum Obstkuchen schnüffeln.

Die Zeit der fliegenden Ameisen

Ameisen mit Flügeln? Das klingt genauso absurd wie Mäuse mit Flossen – und doch ist es wahr! Ameisen sind nämlich eng verwandt mit Bienen und Wespen und haben wie sie durchsichtige Hautflügel. Na ja, genau genommen haben nur manche Ameisen manchmal Flügel: Die jungen Königinnen und die Männchen sind es, die für kurze Zeit geflügelt unterwegs sind (Foto Seite 92). Sie gehen gemeinsam auf den ersten und einzigen Flug ihres Lebens und paaren sich in der Luft. Nach dem großen Auftritt verkriechen sich die Männchen im Boden und sterben. Die jungen Königinnen gründen eine Stadt.

Freund oder Feind?

Wenn ein Wildfremder an der Haustür läutet und behauptet, er habe den Auftrag, den Familienschmuck abzuholen – was würde unsereins tun? Vermutlich an die Stirn tippen und die Tür zuknallen! Ameisen wären in derselben Lage völlig hilflos. Sie können ja die Heerscharen von Mitbürgerinnen nicht persönlich kennen. Deshalb entscheiden sie einfach nach dem Geruch, wer Freund und wer Feind ist. Wer »falsch« riecht, bekommt Ärger; wer aber »richtig« riecht, wird reingelassen und genießt den kompletten Komfort des Ameisenstaates – egal, ob er wie eine Ameise aussieht oder nicht. Einigen Käfern ist es gelungen, den Duftcode von Ameisenstaaten zu knacken. Jeder sieht auf einen Blick, dass die Käfer keine Ameisen sind, aber Ameisen urteilen nun mal nicht nach den Augen, sondern nach den Fühlern. Der Käfer riecht wie eine der ihren, also ist er willkommen, wird gefüttert und gehätschelt.

Wer hat da Federn gelassen?

Na los!

Raus aus den Federn!

Im Spätsommer und Frühherbst lohnt es sich ganz besonders, auf Spaziergängen die Augen aufzumachen: Überall liegen Federn herum, denn die meisten Vögel sind jetzt, da die Jungen »aus dem Haus sind«, in der Mauser. Ein Jahr lang mussten ihre Federn Balzshows und Rivalenkämpfe, Abreibungen mit Zweigen, Tauchgänge und Windböen aushalten; so eine Dauerbelastung hält auch das beste Material nicht ewig aus. Vor allem an Teichen liegen jede Menge Federn herum, denn Wasservögel erledigen die Mauser im Schnelldurchgang: Sie können dann zwar eine Zeit lang nicht fliegen, aber weil sie auf dem Wasser vor Feinden sicher sind, können sie sich so eine Radikallösung leisten. Alle anderen Vögel, ganz besonders die Greifvögel und Eulen, müssen die Sache erheblich langsamer angehen. Sie können ihre Schwungfedern nur peu à peu mausern, damit sie flug- und jagdfähig bleiben.

Warum gehen Enten nicht unter?

Wenn unsereins sich in Federmontur – beispielsweise mit einem Daunenanorak – ins Wasser setzen würden, wären wir im Nu klatschnass. Warum ist das bei Enten, Gänsen und Schwänen nicht so? Warum perlen an ihnen die Tropfen ab, wenn sie aus dem Wasser steigen? Weil sie sich gründlich imprägniert haben. Wenn man Schwimmvögel länger beobachtet, sieht man, wie sie immer wieder mit dem Schnabel nach hinten an die Schwanzwurzel fahren und anschließend ausgiebig im Gefieder herumnesteln. Solche Sitzungen haben einen doppelten Zweck: Die Vögel ordnen ihre Federn, die beim Tauchen, Fliegen oder Schwimmen vielleicht durcheinandergeraten sind. Und sie verteilen Fett im Gefieder, das sie sich von der Bürzeldrüse an der Schwanzwurzel holen. Nach der Prozedur ist der ganze Vogel so wasserabstoßend wie eine Speckschwarte und schwimmt wie ein Korken auf dem Wasser.

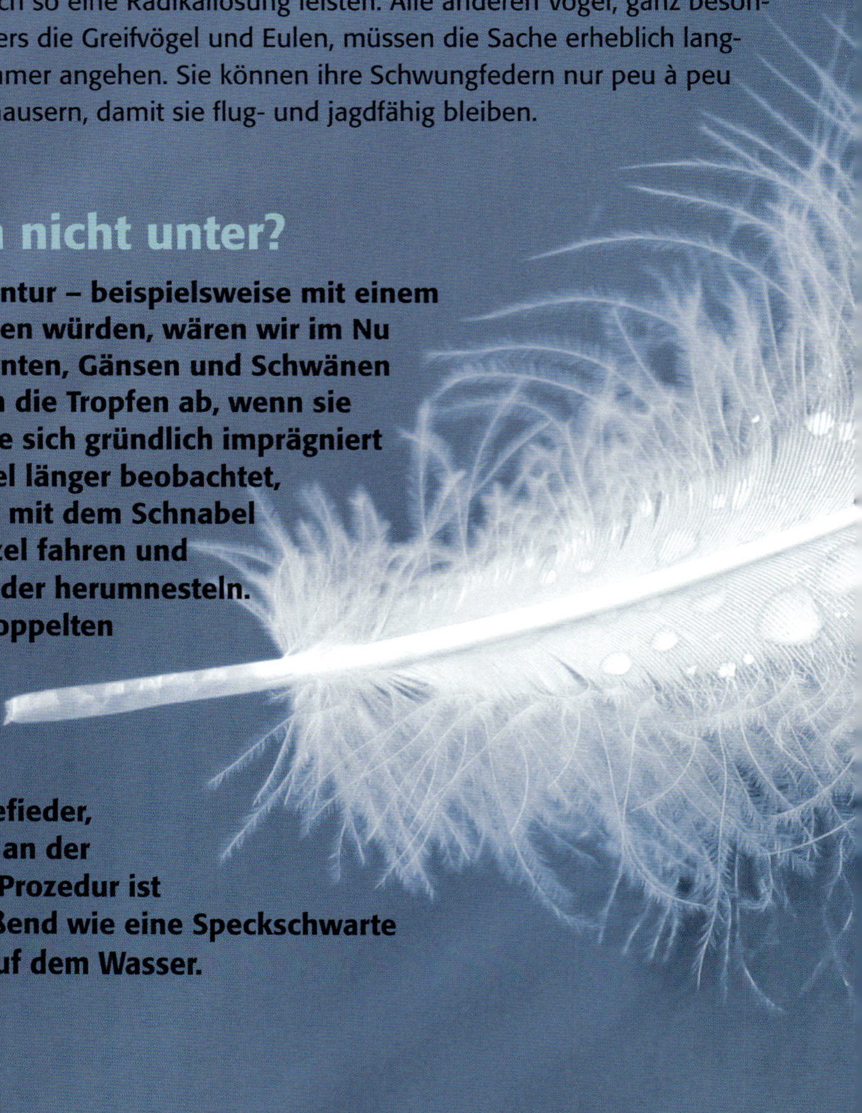

Wer hat die meisten Federn?

Der Spitzenreiter ist … nein, nicht der schicke weiße Vogel, der auf allen Parkteichen Furore macht, aber immerhin ein naher Verwandter: Die meisten Federn aller Vögel hat der Zwergschwan aus der russischen Tundra. In den eiskalten Temperaturen seiner Heimat kann man nur mit einem Daunenanzug der Spitzenklasse überleben: Der kleine Schwan ist in über 25.000 Federn eingepackt – mehr als doppelt so viele wie eine Stockente (etwa 12.000 Federn), viermal so viele wie eine Möwe (6.000 Federn) und sogar zwölfmal so viele wie die meisten Singvögel (2.000 Federn). Sein Verwandter, der Höckerschwan, kommt übrigens immerhin auf rund 20.000 Federn.

Die Kunst des Federlesens

An jeder Feder jeden Vogel erkennen – das können nur die Profis, und auch die brauchen in kniffeligen Fällen ein paar Hilfsmittel. Ein paar Federn aber lassen sich eindeutig zuordnen. Eine leuchtend blaue Feder mit dunklen Querstreifen? Die stammt garantiert aus dem Flügel eines Eichelhähers (kleines Foto). Federn mit samtartigem »Fell« auf der Oberfläche und kammartig ausgefransten Kanten? Die sind sicherlich einem Waldkauz oder einer Waldohreule ausgefallen. Federn mit auffallend festem hartem Kiel, die in einer Spitze auslaufen? Die saßen vielleicht mal im Stützschwanz eines Spechts. Und lockenartig aufgebogene kleine Federn gehören zum Prachtkostüm eines Stockerpels.

Was sucht die Wespe am Gartengrill?

Ein Staat, regiert von Schwarz-Gelb

Wespen erwartet man eigentlich eher auf Zwetschgenkuchen oder Marmelade als auf dem Grillfleisch; sie sind berüchtigt für ihren Appetit auf Süßes. Aber wenn es um den Nachwuchs geht, muss Fleisch her, denn nur mit Fleisch können sich die Larven richtig entwickeln. Fliegen zum Beispiel sind beste Babynahrung für Wespenlarven. Wissenschaftler haben mal genau mitgezählt: In einer einzigen Stunde hat eine Gruppe von 60 Wespen 227 Insekten erbeutet. Das macht doch jeden Fliegenfänger überflüssig, oder?

Die Mitesser am Frühstückstisch

Mit etwas Glück kann man einer Wespe sogar dabei zusehen, wie sie Futter für die ewig hungrige Brut sucht – zum Beispiel auf einem Schinkenbrot. Zuerst fräst sie mit ihren zangenartigen Kiefern präzise ein Scheibchen aus dem Schinken, dann klemmt sie ihre Ernte sorgfältig mit den Beinen fest und schließlich hebt sie ab – laut brummend und nicht ohne Mühe. Sie erinnert ein wenig an einen überladenen Frachthubschrauber, der nicht vom Boden hochkommt. Aber irgendwann schafft sie es doch noch. Na dann: Guten Flug!

Ein ganzes Schloss in Leichtbauweise

Wenn im Winter die Wespennester verlassen im Schuppen oder auf dem Dachboden hängen, kann man sie ruhig einmal genauer ansehen. Niemand wird jetzt todesmutige Angriffe starten, denn alle Arbeiterinnen sind im Herbst gestorben. Federleicht ist so ein Nest; es besteht ja auch nur aus feinstens zerkauten Holzfasern und Spucke. Die Wespenarbeiterinnen nagen den Baustoff von verwitterten Brettern oder dürren Pflanzenstängeln ab (Foto links), feuchten ihn mit Spucke zu einem Brei an und bauen aus der Masse Schicht um Schicht ihr Nest. Ganz innen an einer Art Stiel hängen die Waben; durch die vielen Schichten aus dem Wespen-Papiermachee sind sie bestens gegen Hitze und Kälte geschützt.

Wespen fliegen mit Navi an Bord

Wespen haben einen unglaublichen Ortssinn – und den brauchen sie auch: Wenn sie eine größere Beute erwischt haben – zum Beispiel eine Schmetterlingsraupe –, können sie ihr »Jagdwild« ja nicht gut im Stück zum Nest transportieren. Sie müssen den Transport auf mehrere Flüge verteilen. Das heißt aber, sie müssen zuverlässig zu ihrer Beute zurückfinden – und das schaffen sie selbst dann, wenn die Schmetterlingsraupe auf einer Wiese in einem Meer von Grashalmen liegt.

Frauen in die Chefetage!

Komisch: Die Wespen, die man ihm Frühjahr herumfliegen sieht, sind ungewöhnlich groß. Ist mit diesen kapitalen Brummern alles in Ordnung? Oder ist das eine neue, besonders gefährliche Art? Die Riesenwespen sind Königinnen, und die sind immer deutlich größer als Wespen-Arbeiterinnen. – Bei Wespen sind die Aufgaben klar verteilt: Die Chefin sorgt für Nachwuchs, die Arbeiterinnen sind für Logis und Verpflegung zuständig. Nur im Frühjahr muss sich die Königin zunächst um alles selbst kümmern: Weil nur sie allein den Winter überlebt hat, gibt's zu Saisonbeginn einfach noch keine Arbeiterinnen. Erst wenn der erste Schub Arbeiterinnen geschlüpft ist, kann sich die Staatschefin zurückziehen. Von nun an muss sie bis an ihr Lebensende nichts weiter tun als Eierlegen und sich versorgen lassen.

Wie viele Blätter hat eine Buche?

Eine Stadt ohne Bäume?

Ohne Blätterrascheln

und Bucheckern?

Unmöglich!

Ein paar tausend? Oder sogar Zehntausende? Nein, bei weitem mehr. Nehmen wir mal an, die Buche ist gut 80 Jahre alt, ungefähr 25 Meter hoch und hat eine Krone von rund 15 Meter Durchmesser. An den Zweigen dieser Buche würden um die 800.000 Blätter sitzen! Würde man all diese Blättchen aneinanderlegen, käme man auf eine Blattfläche von rund 1.600 Quadratmetern – so viel wie sechs Tennisplätze! Wie riesengroß muss da erst die gesamte Blattfläche von allen Büschen und Bäumen einer Stadt sein! Das wäre eine unvorstellbar große grüne Decke, die … ja was eigentlich? Die das Auge beruhigt? Die gut für die Seele ist, wie man immer hört? Nein, Blätter können viel mehr als nur das … !

Wenn Bäume tief Luft holen

Grüne Pflanzen haben eine Eigenart, die uns sehr gelegen kommt: Sie verspeisen jede Menge Kohlendioxid – also genau das Gas, das »schuld« an der Klimaveränderung ist. Sie bauen daraus Holz, Rinde und Blätter auf; gleichzeitig geben sie Sauerstoff als »Abfall« wieder ab. Im Grunde atmen Mensch und Tier also die Abgase der Pflanzen ein. Etwas Besseres kann uns gar nicht passieren, als in der Abgasfahne von Bäumen zu leben! Eine einzige Rotbuche stößt nämlich ständig so viel Sauerstoff aus, wie 10 Menschen zum Atmen brauchen. Praktisch, oder?

Staubfilter der Spitzenklasse

Besonders angenehm ist die Nachbarschaft von Bäumen an heißen Sommertagen, wenn die Stadtluft noch stickiger, staubiger und trockener ist als sonst. Doch das liegt nicht allein am Sauerstoff, der ständig aus ihren Blattporen strömt. Bäume schlucken nämlich nicht nur Kohlendioxid, sondern auch massenweise Staub. Die Rotbuche, von der schon die Rede war, filtert in einem Jahr bis zu einer Tonne Staub aus der Luft. Wissenschaftler wollten es genau wissen und haben nachgemessen: In Frankfurt schwebten in baumlosen Straßen an die 10.000 Staubpartikelchen in einem Liter Luft. Wo die Straßen von Bäumen gesäumt waren, enthielt die Luft nur noch ein Viertel so viel Staub, und in Grünanlagen war es nur noch ein Achtel.

Der Maler Friedensreich Hundertwasser ...

... hatte zu Bäumen ein ganz besonders inniges Verhältnis. Sein Ziel war es, »Häuser für Menschen und Bäume« zu bauen. Er wollte Bäume im Zimmer und Bäume auf den Hausdächern haben. Und er sagte: »Nur wenn du den Baum liebst wie dich selbst, wirst du überleben.«

Immer schön cool bleiben!

Stadtluft ist meistens nicht nur staubig, sondern auch staubtrocken – jedenfalls dort, wo keine Bäume stehen. In Parks fällt das Atmen sofort leichter und das klebrige Gefühl in den Lungen lässt nach. Bäume sind nämlich auch erstklassige Luftbefeuchter. Schon ein fünf Meter hohes Bäumchen verdunstet pro Tag 20 Liter Wasser! Ein ausgewachsener Laubbaum schwitzt täglich sogar bis zu 500 Liter Wasser aus – das wären mehr als drei randvolle Badewannen. Weil außerdem Wasser beim Verdunsten Wärme »schluckt«, ist es in der Nähe von Bäumen nie so brütend heiß wie in baumlosen Straßenschluchten. Messungen haben gezeigt, dass es im Schatten eines Baumes um drei Grad kühler ist als zum Beispiel im Schatten eines Hauses. Bäume sind die Klimaanlagen der Städte.

Wie kommt der Papagei ins Futterhäuschen?

Multikulti unter Tieren – zu sehen im Stadtpark

Wer in einer der Städte am Rhein wohnt, hat beste Chancen, an seinem Futterhäuschen besonders hübsche Gäste zu entdecken. Gut möglich, dass eines Tages grasgrüne Papageien zum Frühstücken kommen. Was tun? Beim Tierheim anrufen? Nein, alles im grünen Bereich: Diese Papageien sind niemandem entfleucht und werden nirgends vermisst. Die ersten entflogenen Halsbandsittiche, die vor 40 Jahren durch Köln schwirrten, mussten sich sicherlich erst zurechtfinden, aber mittlerweile haben die Sittiche nicht nur die milden Winter am Rhein bestens überstanden, sie haben sich sogar vermehrt und ausgebreitet, Tendenz weiter steigend. 2011 lebten in Deutschlands Städten schon rund 7500 Halsbandsittiche!

Schildkröten: heiß begehrt – und kalt entsorgt

Wenn man im Stadtteich auf einem Stein ein paar Schildkröten entdeckt, die sich die Sonne auf den Panzer scheinen lassen, ist das leider kein Grund zur Freude: Die Sonnenanbeter sind garantiert keine seltenen einheimischen Sumpfschildkröten, die sich hier überraschend angesiedelt haben. Auf dem Stein dösen amerikanische Schmuckschildkröten. Irgendwelche »Tierfreunde« hatten offenbar den Spaß an ihren Haustieren verloren. Oder es gefiel ihnen nicht, dass aus den niedlichen farbenfrohen Winzlingen tellergroße Brocken werden. Jedenfalls wurden die Tiere ratzfatz in den nächsten Teich entsorgt. »Ich habe ihnen die Freiheit geschenkt«, wird so eine Aktion dann gerne genannt. Für eine Schmuckschildkröte aus dem subtropischen Forida ist die Freiheit im kühlen Deutschland im besten Fall »nur« Tierquälerei, im schlimmsten Fall aber ein Abenteuer mit tödlichem Ausgang!

Die Besucher aus der Taiga

Die meisten der asiatischen Streifenhörnchen (Foto links), die in einigen Städten durch die Parks huschen, hausten einmal in Käfigen. Anders als die Schmuckschildkröten kommen sie aber in unserem Klima bestens zurecht. Ihre wilden Vorfahren stammen aus den Nadelnwäldern Asiens und halten noch ganz andere Temperaturen aus als unsere paar Minusgrade. Die Hörnchen können genauso zahm werden wie Eichhörnchen und lernen schnell, dass Menschen nützlich sind. Besonders Mutige holen sich die Nüsse sogar aus der Hand.

Styropor ist, was man daraus macht

Konrad Lorenz stellte einmal seufzend fest, dass Tiere umso mehr Unsinn anstellen, je intelligenter sie sind. Zu den intelligentesten Tieren gehören Papageien, und wenn die kreativ sind, kann's richtig teuer werden! In Heidelberg kamen einige Halsbandsittichpaare auf die Idee, nicht in den heiß umkämpften Baumhöhlen zu brüten, sondern stattdessen ihre Bruthöhlen in der Dämmung eines Altenheims anzulegen. Der Einfall machte Schule. Schließlich waren es 20 Sittichpärchen, die im Styropor an der Heimfassade herumnagten. Für die Idee und die Durchführung hätten sie eigentlich eine Medaille bekommen müssen …

Wir müssen draußen bleiben!

Amerikanische Grauhörnchen sind Problemgäste: Sie haben sich in England und Italien so gut eingelebt, dass sie den einheimischen Eichhörnchen das Leben schwer machen: »Die Grauen« fressen deren Vorratslager ratzekahl leer. Den »Ureinwohnern« aber knurrt der Magen.

Ein Rotkehlchen ohne rotes Kehlchen?

Auch Vögel kennen Kinderschutz

Wer würde auf den ersten Blick erkennen, dass dieser Jungvogel (Foto oben) ein Rotkehlchen ist? Von roter Kehle keine Spur – und das ist gut so. Die Farbe Rot hat nämlich auf erwachsene Rotkehlchenmänner eine fatale Wirkung: Rot ist für sie gleichbedeutend mit »Rivale« und wird gnadenlos attackiert. Wer dagegen neutral gefiedert ist, hat nichts zu befürchten. Mindestens genauso wichtig: Das unauffällige Tropfenmuster der Kleinen ist die perfekte Tarnung, wenn sie reglos im Unterholz sitzen.

Wer bin ich?

Wenn junge Singvögel ihre ersten Flugversuche machen und noch etwas unsicher und in Rufweite der Eltern ihre Umgebung erkunden, beginnt das große Rätselraten: Wer ist wer? Oft sehen die Sprösslinge nämlich ihren Eltern nur entfernt ähnlich. Die typische Gefiederzeichnung der erwachsenen Vögel ist beim Nachwuchs erst skizzenhaft angedeutet oder gar nicht zu erkennen. Dass Jungvögel mit einem Gefieder in verschiedenen Grautönen Bachstelzen sind, lässt sich nur mit etwas Fantasie an der angedeuteten dunkelgrauen Kapuze erkennen. An den grau grünen jungen Stieglitzen verrät nur die gelbe Flügelbinde, wer sie sind. Junge Gimpel tragen noch keine schwarze Kopfplatte. Und junge Blaumeisen sind alles andere als blau. Erst nach ihrer Jugendmauser mit 6–12 Wochen sehen sie alle in etwa aus wie ihre Eltern.

Bitte nicht retten!

Kleine Amseln haben's nicht leicht: Wenn sie es im Frühjahr in ihrem engen Nest nicht mehr aushalten und schon mal auf eigene Faust im Gebüsch herumhopsen, werden sie reihenweise von besorgten Vogelfreunden »gerettet«. Dabei wäre alles in bester Ordnung: Die Kleinen können zwar noch nicht fliegen, aber im Unterholz ist man zu Fuß ohnehin flotter unterwegs. Und die Verpflegung klappt auch wie am Schnürchen: Sie geben ihren Eltern mit hohen Piepslauten ständig ihren Standort bekannt, und die tragen ihnen auch zuverlässig die Regenwürmer und Raupen hinterher. Nicht nur Jungamseln, auch andere Jungvögel handhaben das so: Wenn sie schon so groß sind, dass sie förmlich aus ihrem Nest herausquellen, vergnügen sie sich draußen, werden aber weiter gefüttert. Und eine Woche später können sie ohnehin schon fliegen.

Kleiderwechsel im Schneckentempo

Junge Lachmöwen brauchen ewig, bis sie sich fertig umgezogen haben: Als gerade flügge Kinder tragen sie auf Rücken, Flügeldecken und Gesicht Graubraun (Foto rechts). In ihrem zweiten Lebenssommer kommt dann die dunkle Gesichtsmaske zum Vorschein – aber noch etwas blässlich –, während die Flügeldecken weiter graubraun durchsetzt sind. Es ist, als wollte der Jungvogel zeigen, dass er zwar pro forma erwachsen, aber bitte noch nicht für voll zu nehmen ist. Erst mit zwei Jahren trägt er die Farben der Erwachsenen – und muss mit ihnen um einen Nistplatz rangeln.

Wie kommt die Hummel vom Boden hoch?

Die Sieger über die Schwerkraft

Wie war noch dieser Spruch? »Nach den Gesetzen der Aerodynamik kann die Hummel nicht fliegen. Weil sie diese Gesetze nicht kennt, fliegt sie trotzdem.« Na ja, ganz so unerklärlich ist die fliegende Hummel nun doch wieder nicht. Die Wahrheit ist: Wir haben bisher einfach nicht so richtig verstanden, welche Kräfte die Hummel und all die anderen Insekten in der Luft halten. Weil Insekten so klein sind, erleben sie die Luft eher wie eine Flüssigkeit als wie ein Gas. Im Grunde fliegen sie nicht, sie schwimmen auf dem Wind. Und wenn man ihre Flügelbewegungen in Zeitlupe ansieht, erinnern sie tatsächlich an die Bewegungen eines im Wasser paddelnden Menschen: Sie beschreiben in etwa eine liegende Acht.

Flugunfall im Mückenschwarm?

Zuckmücken versammeln sich zwecks Partnersuche zu derart riesigen Schwärmen, dass man von Weitem meinen könnte, eine Rauchwolke stehe in der Luft. Und doch gibt es in dieser drangvolle Enge kaum jemals Flugunfälle: Die winzigen Insekten reagieren so blitzschnell, dass sie es fast immer im letzten Moment schaffen, sich aus dem Weg zu schwirren. Hornissen sind da hemdsärmeliger. Wenn mehrere von ihnen gleichzeitig den Eingang zum Nest durchfliegen wollen, gibt's hin und wieder schon mal Zusammenstöße.

Libellen – die Meister aller Klassen

Sprintweltmeister Usain Bolt flitzt mit einer Geschwindigkeit von 37 Stundenkilometer über die Aschenbahn. Gewaltig, oder? Aber eine Libelle würde ihm locker davonfliegen. Libellen schaffen nämlich bis zu 40 Stundenkilometer – und sie können noch mehr: Einige Libellen sind – mit etwas Rückenwind – in wenigen Tagen an die 1.000 Kilometer weit geflogen, aus dem Mittelmeergebiet über die Alpen bis nach Mitteleuropa. Kleinlibellen sind zwar nicht so schnell, dafür aber noch wendiger als ihre großen Kollegen. Sie fliegen auf einer Wiese zwischen den Grashalmen durch, als wär's ein Kinderspiel. Sie weichen elegant Spinnennetzen aus und grabschen sich im Vorbeifliegen Blattläuse von den Stängeln.

Tragflächen wie aus Glas

Die Flügel von Hornissen und Libellen, von Marienkäfern und Fliegen sind raffinierter als jedes Hightech-Produkt aus dem Flugzeugbau: Zwischen einem Netzwerk aus feinen und feinsten Streben ist eine Art Flughaut aufgespannt, die nur aus zwei hauchdünnen, miteinander verklebten Hautschichten besteht. Durch einen Teil der haarfeinen Streben führen sogar noch Nerven. Das bedeutet, dass Insekten mit ihren Flügeln fühlen können! Sie spüren genau, wo die Luft stärker und wo sie schwächer gegen ihre Flügel drückt, und können dann instinktiv gegensteuern – zum Beispiel, indem sie die Schlagfrequenz fließend erhöhen oder mehr Schub drauflegen.

INFO

Nachrichten aus dem Cockpit

- Wespen können Beute im Flug transportieren, die halb so schwer ist wie sie selbst. Diese bleischwere Fracht tragen sie mit ihren Kiefern.
- Hubschrauber können senkrecht aufsteigen. Kohlschnaken und ein paar andere Insekten können das auch!
- Die schnellsten Insekten der Welt – die Hirschbremsen – düsen mit bis zu 70 km/h durch die Luft.
- Die winzigen Zuckmücken schlagen über 1.000-mal pro Sekunde mit den Flügeln.
- Damit eine Heuschrecke fliegen kann, müssen 42 verschiedene Muskeln zusammenarbeiten.

Wie kommt die Weide in die Dachrinne?

Irgendjemand muss ja mal den Anfang machen

Kaum liegt irgendwo ein Stück Boden frei, schon sind sie da: Huflattich und Löwenzahn, Weiden, Pappeln und Disteln. Manche leben nur einen Sommer lang, andere wurzeln sich für ein paar Jahre ein und wieder andere wachsen zu riesigen Bäumen heran, wenn man sie lässt. Aber eines haben sie alle gemeinsam: Ihre Samen können fliegen. Nur weil sie mobil ist, schafft es eine Weide, sich im feuchten Falllaub einer Dachrinne anzusiedeln. Nur weil seine Samen mit dem Wind reisen, kommt der Huflattich auf den Bauaushub mitten in der Innenstadt, die Birke in den Balkonkasten im fünften Stock oder das Weidenröschen in die Mauerritze (Foto rechts).

Jedes Jahr Samenschwemme

Im Frühling, wenn die Weiden und Pappeln ihre flauschig behaarten Samen in den Wind schicken, könnte man meinen, der Frühling leiste sich ein verspätetes Schneegestöber. Überall sammelt sich Pappelschnee und Weidenwolle. Die winzigen Baumsamen scheinen allgegenwärtig zu sein – und das müssen sie auch. Weiden und Pappeln gehören zu den Pionieren unter den Pflanzen. Sie sind die Ersten, die sich auf kahlem, ödem Schwemmland, auf Erdrutschen und auf Kiesinseln ansiedeln. Doch solche unbewachsenen Flecken entstehen ganz plötzlich und sind genauso schnell wieder verschwunden. Nur solche Pflanzenarten haben eine Chance, deren Samenkörnchen immer und überall zur Stelle sind.

Fest im Boden verankert

Wie geht es den Pionierpflanzen, wenn sie auf ihrem unbewachsenen Bodenfleck von einem Regenguss heimgesucht werden? Müssten sie nicht samt der Erde weggeschwemmt werden? Eigentlich ja – aber genau dagegen sind sie bestens gerüstet: Pionierpflanzen keimen unglaublich schnell, und sie treiben ungewöhnlich lange, tief reichende Wurzeln. Die Pfahlwurzel des Löwenzahn reicht bis zu einem Meter in die Tiefe. Die Keimlinge der Pappel können nach einem Jahr bis zu 150 Zentimeter tief im Boden stecken. Die Ackerkratzdistel bohrt sich sogar bis zu 2,80 Meter tief in den Untergrund. Mit langen Wurzelfingern krallen sie alle sich auf ihrem Sitzplatz fest – und halten auch bei Wolkenbrüchen die Stellung.

Viel hilft viel

Eine einzige Baumweide kann einige hunderttausend Samen produzieren, eine Pappel bringt es sogar auf über 25 Millionen. Aber auch viele Blumen gehören zu den Pionieren und werfen mit beeindruckenden Samenmassen um sich: Eine Huflattichpflanze schickt an die 8.000 Samen an ihren Schirmchen in den Wind, ein ausgewachsener Ackersenf produziert bis zu 25.000 Samen und eine einzige Königskerze verstreut rund 60.000 Samen. Doch die meisten dieser unzähligen Samen sind Blindgänger: Sie landen auf dicht bewachsenem, nahrhaftem Boden, wo sie im Nu von der Konkurrenz überwachsen und ausgeschaltet werden. Denn auf (fast) alles können sie verzichten, Licht und Platz aber sind lebensnotwendig für die Pioniere.

Heilkraut oder Unkraut, das ist hier die Frage

Hobbygärtner können Löwenzahn nicht leiden. Überall verdirbt er ihnen mit seinen Blütensonnen das Einheitsgrün, an dem ihnen so viel liegt. Mit Messer, Unkrautkelle, Salz und sogar Gift rücken sie ihm zu Leibe. Doch statt ihn zu bekämpfen, könnten sie ihn auch essen. Aus den Blüten lässt sich ein leckerer Sirup kochen, die jungen Blätter sind als Salat eine Delikatesse und die getrocknete Wurzel wurde in der Nachkriegszeit gemahlen, aufgebrüht und wie Kaffee getrunken.

Warum fliegen Fledermäuse im Dunkeln nicht gegen einen Baum?

Für manchen fängt der Tag erst abends an

Wer hat schon mal spätabends Vögel herumfliegen sehen – und hat sich gewundert, dass diese Vögel absolut unfallfrei fliegen, obwohl man kaum noch die Hand vor Augen sieht? Die »Vögel« sind Fledermäuse. Und sie orientieren sich weniger mit den Augen als mit Echolot: Sie stoßen Schreie aus, die von jedem Hindernis oder auch Beutetier abprallen und wie ein Echo zurückgeworfen werden. So findet die Fledermaus sich auch im Stockfinstern zurecht und weiß genau, wo sie ausweichen und wo sie zupacken muss.

Wer sendet auf welcher Wellenlänge?

Leider funken Fledermäuse in einem Frequenzbereich, für den menschliche Ohren taub sind, doch mit einem Fledermaus-Detektor lassen sich die Jäger der Nacht trotzdem belauschen: So ein Gerät besteht aus einem Ultraschall-Mikrofon und einem Frequenzwandler, der die Ultraschallrufe für uns hörbar macht. Für einen Neuling klingt der Funkverkehr der Fledermäuse anfangs wie ein Wirrwarr aus Klicken und Knattern, aber wenn man sich eingehört hat, wird's spannend wie ein Krimi: Wenn eine Fledermaus nur auf Beutesuche durch die Nacht fliegt, stößt sie pro Sekunde ungefähr zehn Rufe aus. Hat sie aber Beute geortet, steigert sie sich auf bis zu 100 Rufe pro Sekunde …!

Gibt's bei uns Vampire?

Gibt es sie wirklich, diese blutsaugenden Monster aus dem Gruselfilm, die nach Sonnenuntergang aus ihren Verstecken kommen und schlafende Menschen anbeißen und ausschlürfen? Nein, die gibt's nicht – jedenfalls nicht so, wie sie im »Tanz der Vampire« über die Leinwand geistern. In Südamerika leben zwar Vampirfledermäuse, aber die sind von der Nasenspitze bis zum Hinterteil nur so lang wie ein Finger und zapfen normalerweise nur Vögel, Rinder und Pferde an. Wenn so eine Fledermaus sich bei einer Kuh ein Schöppchen holt, sind das höchstens 30 Milliliter Blut – ungefähr sechs Teelöffel voll. Bei rund 50 Liter Blut, die eine erwachsene Kuh hat, schadet ihr das bisschen Blutverlust wirklich nicht; gefährlicher sind da schon die Krankheiten, die eine Fledermaus beim Anstich übertragen kann.

Wenn Fledermäuse um die Häuser ziehen

Wer in der Stadt auf Fledermaus-Exkursion geht, hat gute Chancen, eine dieser beiden Arten zu sehen – oder vielmehr zu hören: Die Zwergfledermaus (Foto Seite 108) hat die Flügelspannweite eines Spatzen und ist mit eingefalteten Flügeln gerade mal so lang wie ein Streichholz. Die Langohrfledermaus (Foto links) sieht mit ihren Riesenohren aus, als hätte man ihr zwei Radarschirme auf den Kopf gepflanzt. Beide Fledermäuse suchen sich gerne in der Nähe des Menschen einen Unterschlupf: Die Zwergfledermaus versteckt sich hinter Fensterläden und Holzverkleidungen, die Langohrfledermaus auf Dachböden und in Vogelnistkästen.

Sind Krähen gefährlich?

Wenn die schwarzen Schwärme kommen

»Das ist ja wie bei Hitchcock!«, hört man Spaziergänger schon mal knurren, wenn im Winter in der Abenddämmerung riesige Krähenschwärme in ihre Schlafbäume einfallen. Und wenn man dann vorsichtig richtigstellt: »Das sind doch gar keine Raben, das sind Saatkrähen. Die fallen höchstens Regenwürmer und junge Mäuse an, aber sicher keine Menschen«, dann wird genervt »Klugscheißer« gebrummt – oder »Gscheithaferl«, falls man in München wohnt. Aber vor den riesigen Saatkrähenschwärmen im Winter muss sich wirklich niemand gruseln. Die meisten sind sowieso nur Saison-Touristen aus Osteuropa oder Südskandinavien. Sie sind vor der klirrenden Kälte in ihrer Heimat in unsere kuschelig warmen Städte geflüchtet und machen sich im Frühjahr wieder auf den Rückweg.

Der Klau geht um

Wer Saatkrähen (Foto oben rechts) genauer auf die Schnäbel schaut, der merkt schnell, dass sie es mit Mein und Dein nicht so genau nehmen: Die Zweige, die sie zum Nest tragen, sind längst nicht alle mühsam vom Boden aufgelesen, sondern oft von Nachbars Baustelle entwendet. Der Vorteil liegt auf der Hand: Wer am Boden nach Baumaterial sucht, wird nervtötend oft von Spaziergängern oder Hunden aufgescheucht. Wer sich dagegen beim Nest nebenan bedient, kann in sicherer Höhe bleiben und hat dazu noch die Auswahl unter den schönsten Zweigen.

Ruhe da oben!

Wenn Rabenkrähen brüten, bekommt das so schnell keiner mit: Das Nest ist gut versteckt, die Kräheneltern schleichen sich sozusagen auf Zehenspitzen zu ihrem Nachwuchs, und auch die Jungen benehmen sich so leise und unauffällig wie möglich. Wenn dagegen Saatkrähen brüten, darf das ruhig jeder mitkriegen. Die Kolonie aus zig Nestern ist schon von Weitem zu sehen – und vor allem zu hören. Die Kleinen palavern pausenlos, die Alten zetern unentwegt mit den Nachbarn. Sie haben ja auch keinen Grund zur Heimlichtuerei; im Schutz der Gemeinschaft können sie es sich leisten aufzufallen. Falls ein Marder oder eine Katze wirklich mal versuchen sollte, eines der Jungen zu holen, bekommen sie es mit der ganzen geflügelten Bande zu tun. Wenn's brenzlig wird, halten sie zusammen und werden unausstehlich!

Was hält die Krähe in der Luft?

Warum fliegen Krähen eigentlich vorwärts, obwohl sie mit den Flügeln auf und ab schlagen? Der erste Eindruck täuscht. In Wirklichkeit bewegen Vögel ihre Flügel nicht auf und ab, sondern ungefähr so wie ein Schwimmer im Schmetterlingsstil seine Arme benutzt: Sie schaufeln sich quasi durch die Luft. Und weil die Flügel in ihrer ganzen Länge ein wenig aufwärtsgewölbt sind, staut sich die Luft darunter zu einer Art Kissen. Im Grunde ist ein fliegender Vogel nichts anderes als eine Art lebendiges Luftkissenfahrzeug.

Sind Spinnen eigentlich giftig?

Mit Tarnkappe und Giftspritze: Auf der Jagd ist alles erlaubt!

Für Fliegen schon. Fast alle Spinnen haben Kieferklauen, mit denen sie Gift in ihre Beute spritzen wie mit einer Injektionsnadel. Im Standby-Betrieb sind diese Dolche wie Taschenmesserklingen eingeklappt, doch wenn ein Opfer im Netz zappelt, kommen sie zum Vorschein. Aber was passiert, wenn die Spinne in keine Fliege beißt, sondern in meinen Finger? Normalerweise gar nichts. Wir Menschen haben nämlich eine so dicke Schwarte, dass eine Kreuzspinne mit ihren kurzen Klauen gar nicht durchkommt. Und sollte sie es an einer dünnhäutigen Stelle doch schaffen, wird die Stelle höchstens ein wenig rot und brennt – ungefähr so wie ein Mückenstich. Nur zwei einheimische Spinnenarten sind so giftig, dass man nach einem Biss Schmerzen oder sogar Fieber bekommt – aber beide Arten sind sehr, sehr selten.

Immer auf dem Sprung

Dass Spinnen beunruhigend schnell dahinflitzen können, weiß jeder. Aber manche Spinnen können viel mehr: Sie können springen wie die Weltmeister! Springspinnen (im Bild unten eine Zebraspringspinne) fangen ihre Beute nämlich nicht in Netzen, sondern schleichen sich an wie die Katze an die Maus. Ist die Spinne bis auf ein paar Zentimeter an ihr Opfer herangekommen, schnellt sie plötzlich los wie ein Gummiball. Und wenn sie mal danebenhüpft? Dann baumelt sie immer noch an dem Sicherheitsfaden, den sie vorsichtshalber immer hinter sich herzieht. Übrigens können Springspinnen auch ziemlich gut sehen. Wedelt man mit einem Grashalm vor ihren großen Scheinwerferaugen herum, hüpfen sie hin und her, als hätten sie es mit einem echten Gegner zu tun. Macht Spaß!

Miss Undercover

Margeriten und gelber Hahnenfuß sind nicht nur hübsch anzusehen, sie haben oft auch hochinteressante Untermieter. Gut möglich, dass in der einen oder anderen Blüte eine Krabbenspinne (Foto links) sitzt, die genau so gelb oder weiß ist wie die Blüte. Krabbenspinnen sitzen sozusagen inkognito in der Blume: Je besser getarnt sie sind, desto besser ist auch ihr Jagderfolg – und das ganz ohne aufwendiges Netzebauen. Mit weit ausgebreiteten Vorderbeinen sitzen sie mitten in den Nektar-Tankstellen und empfangen ahnungslose Schwebfliegen oder Käfer buchstäblich mit offenen Armen. Sogar Bienen sind in Gefahr: Bevor sie stechen können, hat die Krabbenspinne sie schon per Giftbiss gelähmt.

Es ist angerichtet!

Schon mal eine Kreuzspinne gefüttert? So eine »Raubtierfütterung« ist richtig spannend. Lässt man eine Fliege unterhalb des Spinnennetzes losschwirren, saust sie mit etwas Glück direkt in die klebrigen Maschen. Solange sich die geleimte Fliege nicht bewegt, rührt sich auch die Spinne nicht. Erst, wenn das Opfer anfängt zu zappeln, hastet sie zur Beute. Die meisten Spinnen sehen nämlich verflixt schlecht, nehmen aber mit ihren Beinen jede Erschütterung wahr – und eine gefangene Fliege lässt das ganze Netz beben. – Bevor sich das Opfer freistrampeln kann, wirbelt die Spinne das angeklebte Insekt um seine eigene Achse, als müsste sie ein Bonbon verpacken. Dabei sprüht sie einen Nebel hauchfeiner Fäden darüber, bis das Ganze aussieht wie eine winzige Mumie. In dieser Frischhaltepackung muss die bedauernswerte Fliege vielleicht tagelang warten, bis sie auf die Speisekarte gesetzt wird.

Können Bäume Pickel kriegen?

Auch Bäume haben mal Mitesser

Was manchmal auf Buchenblättern wächst, sieht tatsächlich aus wie große Pickel (Foto Seite 115 oben). Doch in Wirklichkeit sind die tropfenförmigen Gebilde die Wohnungen winziger Mückenlarven. Das Raffinierte ist, dass die Larven sich ihren Unterschlupf nicht selbst gebaut haben; sie haben den Baum dazu gezwungen, es für sie zu tun: Das Mückenweibchen legt seine Eier an Buchenknospen ab und die Larven spucken sofort nach dem Schlüpfen einen winzigen Tropfen Speichel auf das junge Blatt. Dieses Tröpfchen hat eine seltsame Wirkung: Das Blatt fängt an, um die Larve herumzuwuchern, bis die Made in einer Kapsel aus Blattgewebe eingesperrt ist. Besser könnte sie es gar nicht treffen! Sie sitzt in ihrem Kinderzimmer wie die sprichwörtliche Made im Speck, ist für ihre Feinde unsichtbar und muss zum Fressen nicht mal vor die Tür kriechen. Solche Wucherungen heißen übrigens Gallen, und die Mücken nennt man Gallmücken.

Wie kommt der Apfel ins Tintenfass?

Genauso unverfroren wie Buchengallmücken benehmen sich Eichengallwespen: Auch sie bohren Blätter an und deponieren ihre Eier darin. Auch die Eiche »wehrt« sich gegen die Eindringlinge in ihren Blättern, indem sie wild zu wuchern anfängt (Foto links). Und auch diese Abwehr ist genau das, worauf es die Larve »abgesehen« hat: Sie bekommt eine Komfortwohnung mit Vollpension gestellt. Nicht einmal die Extraportion Gerbsäure, die der Baum in seine Wucherungen pumpt, kann den Larven den Appetit verderben. Sie haben längst Gegenmittel entwickelt, um die Gerbsäuren zu entschärfen. – Die Überdosis Gerbsäure in den Galläpfeln ist übrigens genau der richtige Rohstoff für Tinte. Aus gemahlenen Galläpfeln, vermischt mit einigen Zutaten, wird auch heute noch hochwertige Tinte hergestellt, die sich absolut nicht auswaschen lässt – also genau das Richtige, um wichtige Dokumente zu unterzeichnen. Und genau das Falsche, um damit auf die Kleidung zu klecksen …

Wohnanlage Eiche

Nicht nur Gallmücken, auch Milben, Wespen, Läuse, Schmetterlinge und Käfer zwingen Bäume und Sträucher dazu, ihnen Komfortwohnungen zu bauen. Am schlimmsten trifft es die Eichen: Ungefähr 200 Insekten gehen ihnen unter die Rinde und nötigen sie dazu, Eichengallen wuchern zu lassen.

Raureif mitten im Sommer …

Wenn Pflanzen mitten im Sommer auf einmal einen weißen Überzug haben, als wären sie mit Mehl überpudert, sind Pilze daran schuld (Foto links). Manchmal sind es Insekten, die die staubfeinen Pilzsporen mitbringen, manchmal werden sie vom Wind herangetragen. Nun brauchen sie nur noch schwüles, warmes Wetter, um schnell zu dichten weißen Rasen heranzuwachsen. Zuerst werden die befallenen Blätter braun, dann vertrocknen sie und schließlich fallen sie ab. Und was kann man dagegen tun? Einfach Gift spritzen? Das würde zwar den Pilz töten – aber auch viele andere Lebewesen. Viel besser ist es, die weißlichen Blätter mit einem alten Hausmittel zu begießen: mit einer Mischung aus einem Löffel Milch und neun Löffeln Wasser. Die Mikroorganismen, die in der Milch leben, machen es dem Pilz nämlich so richtig ungemütlich.

Was tut sich im Reisighaufen?

Mehr Unordnung für Blindschleichen, Erdkröten und Spitzmäuse!

Wer seinen tierischen Nachbarn einen großen Gefallen tun will, der duldet im Garten ein wenig Unordnung oder – noch viel besser – er schichtet in einem ungestörten Winkel Zweige und Staudenstängel zu einem großen Haufen auf und überlässt ihn sich selbst. Reisighaufen werden weder zu heiß noch zu kalt, sie trocknen nie aus, bieten Schutz vor Feinden und sind randvoll mit leckeren kleinen Beutetieren. Kurzum: Etwas Besseres als ein Reisighaufen in einem verwilderten Garten kann Blindschleiche, Erdkröte und Co. gar nicht passieren.

Vorsicht! Zerbrechlich!

Hat sich eine Blindschleiche im Reisighaufen angesiedelt? Herzlichen Glückwunsch! Die kleine Schönheit mit dem Metallic-Look wird nämlich immer seltener. Dass Blindschleichen keine Schlangen, sondern eng mit Eidechsen verwandt sind, erkennt man sofort, wenn man ihnen in die Augen sieht: Im Gegensatz zu Schlangen haben Blindschleichen keinen »starren Blick«, sondern können blinzeln. Sie sind auch längst nicht so wendig wie Schlangen. Nicht einmal dann, wenn sich eine Blindschleiche schnellstens davonmachen möchte, kommt sie richtig auf Tempo; sie wirkt eher hölzern und unbeholfen. Aber bitte nicht einfangen, auch wenn die Versuchung noch so groß ist! Die Tierchen sind nämlich sehr zerbrechlich. Ehe man sichs versieht, hat man nur noch den heftig zuckenden Schwanz in der Hand.

Die Kröte mit den Bernsteinaugen

Wenn Erdkröten sich nicht bewegen, könnte man sie wirklich für einen Klumpen lehmige Erde halten. Eigentlich perfekt – doch auf der Straße hat diese Tarnung fatale Folgen: Wer übersehen wird, kommt allzu leicht unter die Räder. Doch die Kröte schützt sich nicht nur mit einem Tarnanzug. Ihre Haut ist außerdem ist übersät mit Warzen, aus denen sie Hautgifte ausschwitzen; von diesem Gift lassen sich die meisten Feinde abschrecken. Ein angenehmer Nebeneffekt: Das Gift ist ein prima Mittelchen gegen Bakterien und Pilze, die sich sonst auf der feuchten Haut ansiedeln würden. Und was passiert einem, wenn man eine Kröte in die Hand nimmt? Gar nichts – wenn man sich nicht anschließend mit den »Krötenhänden« die Augen reibt. Nach einem Kröten-Date ist immer Händewaschen angesagt.

Was haben Spitzmäuse mit Mäusen zu tun?

Abgesehen von der Größe: gar nichts. Spitzmäuse sind keine Nagetiere, sondern Insektenfresser. Mit dem, was Mäuse lecker finden, können sie überhaupt nichts anfangen. Sie fangen stattdessen lieber Käfer, Spinnen und Grillen – je mehr, desto besser. Bei kleinen warmblütigen Tieren wie ihnen läuft der »Motor« nämlich ständig auf Hochtouren. Kein Wunder, dass sie ständig nachtanken müssen: In 24 Stunden futtert eine Gartenspitzmaus so viel, wie sie selbst wiegt.

Wer ist der König im Reisigschloss?

Wo das Unterholz am dichtesten ist, kommt der Zaunkönig ganz groß raus. Unglaublich, wie wendig der kleine Kerl ist! Mit mäuseartiger Geschwindigkeit huscht er vom Wurzelteller zum Brennnesseldickicht und von dort zum Reisighaufen. Dort baut er für seine Zaunkönigin nicht nur ein Schloss, sondern gleich mehrere. Vogelkundler haben bei einem einzigen Männchen 12 solcher Nester gezählt! So winzig der Kleine ist – zwei Zaunkönige wiegen gerade so viel wie ein 20-g-Normbrief –, so durchdringend ist seine Stimme. Ein singender Zaunkönig kann bis auf 90 Dezibel aufdrehen; das ist ungefähr die Lautstärke eines vorbeifahrenden Lastwagens. Eigentlich ist das, was er darbietet, kein Gesang, sondern Gebrüll – eine vertonte Kampfansage an den Rivalen nebenan.

Was finden Marder an Autos so toll?

Nichts als Dummheiten im Kopf!

Wer sein Auto im Freien parkt, bekommt schnell mal tierische Probleme. Da werden Isolierungen benagt, Schläuche zerbissen und Leitungen gekappt. Aber dahinter steckt nicht purer Vandalismus; die Täter haben ihre Gründe: Mardermännchen markieren in der Paarungszeit ihr Revier samt den darin parkenden Autos mit ihrem persönlichen Duft. Wenn nun ein Auto irgendwo »fremdgeparkt« wird, riecht es für den dortigen Revierinhaber einfach empörend.

Plötzlich steigt ihm die Duftnote eines Rivalen in die Nase – pure Provokation! Wie gerne würde er diesen Mistkerl fertigmachen, wenn er ihn nur finden könnte! Und so wie wir wütend mit der Faust auf den Tisch hauen, auch wenn der Tisch uns nichts getan hat, so zerfetzen stinksaure Mardermännchen die Dichtungen und Gummischläuche im Motorraum eines »falsch« riechenden Autos. Doch mancher Wagen fällt auch einfach dem Spieltrieb der Marder zum Opfer. Gummischläuche sind nämlich bester Kaugummi.

Wenn die Marder Party feiern

Was tun, wenn es auf dem Dachboden rumort und poltert? Oder wenn es in Sommernächten auf der Straße und im Garten kreischt und keckert? Den Kammerjäger rufen? Beim Ordnungsamt Alarm schlagen? Nein, lieber auf die Lauer legen – mit Fernglas. Die Krachmacher sind wahrscheinlich Steinmarder und wohl das Unterhaltsamste, was man vors Fernglas bekommen kann. Steinmarder sind verspielt wie Katzen –, aber jeder Stubentiger ist im Vergleich zu ihnen ein Tolpatsch. Besonders spannend wird es im späteren Frühsommer, wenn die Jungen anfangen, ihre Umgebung zu erkunden. Da wird alles beklettert, benagt, betatzt, was sie unter die Pfoten kriegen. Das nächtliche Kreischen und Keckern im Hochsommer aber ist keine Spielerei, sondern Zickenkrieg, Rambogehabe und neckisches Getuschel. Im Juli ist nämlich bei Steinmarders Paarungszeit – und das darf ruhig die ganze Nachbarschaft mitkriegen.

Kinderkriegen mit Warteschleife

Eigentlich komisch: Im Hochsommer ist Paarungszeit bei den Steinmardern – aber erst im folgenden März kommen die Jungen auf die Welt. Nach acht Monaten! Eine Katze hätte in dieser Zeit mindestens zwei Würfe aufgezogen. Warum brauchen Steinmarder so lang? Weil sie ihre Jungen auf einer Warteschleife »parken«: Steinmarder-Embryonen ruhen monatelang im Uterus, sozusagen auf Stand-by-Modus. Erst im Spätwinter wird die Pause beendet und die Entwicklung kommt wieder in Gang – und das ist gut so: Die Jungen werden erst dann geboren, wenn die Winterkälte überstanden ist und beste Jahreszeit anbricht.

Nehmen die Steinmarder überhand?

Gestern hat es im Geräteschuppen gerumpelt, vorige Woche flitzte nebenan etwas Schwarzes in die Hecke, und heute nacht tobte im Nachbargarten ein Marder übers Garagendach. Nehmen die Marder »überhand«? Keine Spur. Wahrscheinlich sind die drei Marder dasselbe Tier. Marder sind Einzelgänger und halten von ihresgleichen Abstand; Marderhorden wird es also nie geben. Jede Nacht sind sie kilometerweit unterwegs – besonders dann, wenn sie Junge satt bekommen müssen. Und schließlich haben sie eine ganze Reihe von Tagesunterschlüpfen, die sie abwechselnd besuchen: heute Geräteschuppen, morgen Dachboden und übermorgen leere Garage.

Woher des Wegs?

Eingewandert – und hiergeblieben

Manchmal können Pflanzennamen ganz schön in die Irre führen. Das Franzosenkraut zum Beispiel ist nicht aus Frankreich, sondern aus Kolumbien eingewandert. Vielleicht heißt das leckere Kräutchen so, weil es vor über 200 Jahren in Frankreich als Nutzpflanze angebaut wurde? Oder es heißt so, weil sein Siegeszug durch Europa in eine Zeit fiel, als Napoleon mit seinen Truppen unterwegs war? Oder verdankt es seinen Namen den unscheinbaren Blüten, die mit etwas Fantasie an die Uniformknöpfe der französischen Soldaten erinnern? Jedenfalls ist aus der Nutzpflanze Kolumbiens längst ein allgegenwärtiges »Unkraut« geworden: Aus jeder Pflasterritze (s. Foto) treibt es seine dunkelgrünen Triebe.

Wenn Pflanzen zum Ärgernis werden

Die meisten der vielen eingewanderten Fremdlinge unter den Stadtpflanzen wachsen einen Sommer lang, sterben mit dem ersten Frost ab und verschwinden wieder. Nur eine von zehn schafft es, sich dauerhaft bei uns einzuwurzeln – und einer von hundert Neulingen wird zum ausgewachsenen Ärgernis, überwuchert einheimische Arten und verdrängt sie schließlich.

Wer hat die weiteste Reise hinter sich?

2.000 km

3.000 km

Der hübsche blaue Persische Ehrenpreis und der Riesenbärenklau kommen aus dem Kaukasus – aus rund 3.000 Kilometer Entfernung.

4.000 km

5.000 km

Das indische Springkraut kommt aus Kaschmir im Himalaya: rund 5.500 Kilometer entfernt.

Für jedes Kraut der richtige Winkel

Biologen zählen in einer durchschnittlichen Großstadt rund 1.000 Pflanzenarten – viel mehr als im Umland! Kein Wunder, denn in der Stadt findet sich ein wahres Mosaik an Lebensbedingungen; in jeder Ecke lebt es sich ein wenig anders. In geschützten Winkeln zwischen den Häusern zum Beispiel, wo es selbst im Winter fast immer frostfrei bleibt, können Pflanzen überleben, die aus Südeuropa eingewandert sind. Wo's ungewöhnlich trocken ist, fühlen sich Steppenpflanzen wohl. Und neben Stadtautobahnen, wo im Winter das salzige Straßenwasser hinsuppt, siedeln sich Pflanzen an, die eigentlich an der Küste zu Hause sind und mit Salz zurechtkommen.

Die ich rief, die Geister …

Vor fast 200 Jahren überreichte Zar Alexander I. dem Fürsten Metternich ein ausgefallenes Geschenk: eine riesige Malachitvase voller Samen des Riesenbärenklaus. Aus den Gewächshäusern des Fürsten büxte die imposante Staude bald aus und eroberte allmählich ganz Europa. Sogar ins Guiness-Buch der Rekorde hat es der Riesenbärenklau seiner Größe wegen schon geschafft: Bis zu 3,65 Meter wird er hoch und seine größten Blütendolden haben einen halben Meter Durchmesser. Eigentlich müsste man den Riesen für seine Durchsetzungskraft und Schönheit bewundern, wenn er nur nicht so lästig wäre: Sein Saft hinterlässt auf der Haut scheußliche Quaddeln, fast wie Sonnenbrand. Die Einzigen, die Bärenklau uneingeschränkt toll finden, sind die Bienen. Die Riesenstaude ist eine unerschöpfliche Nektartankstelle.

6.000 km

Die Heimat der goldgelben Kanadischen Goldrute (Foto oben) ist Nordamerika und das südliche Kanada – über 6.000 Kilometer weit weg.

7.000 km

Der Schmetterlingsflieder stammt aus Tibet – aus über 7.000 Kilometer Entfernung.

8.000 km

Der Japanische Staudenknöterich kommt aus Korea und Japan – aus über 8.000 Kilometer Entfernung.

9.000 km

Das Franzosenkraut ist aus dem rund 9.000 Kilometer entfernten Kolumbien zu uns gekommen.

Woran erkennt man eine Hummel-Oma?

Hummeln starten fast bei jedem Wetter!

Ganz einfach: an der Glatze. Der samtige Hummelpelz wird nämlich mit der Zeit ganz schön dünn, und dann glänzt durch den schütteren Pelz eine richtige »Spiegelglatze« durch. Hummelseniorinnen erkennt man außerdem an den Farben. Sie bekommen zwar nicht wie unsereins graue Haare, aber sie sehen ein wenig blässlich aus; wie ein Vorhang, der zu lange in der Sonne gehangen hat. Alt ist eine Hummel ürigens schon mit 10 Monaten, und älter als ein Jahr wird sie selten.

Was sucht die Hummel im Mauseloch?

Wenn Hummeln eine Blüte nach der anderen abfliegen, suchen sie Nektar und Pollen – klarer Fall. Wenn aber Hummeln zielstrebig im dichtesten Gras landen, wo weit und breit keine Blüte zu sehen ist, was suchen sie dann? Den Eingang zu ihrem Nest. Das bauen sie nämlich mit Vorliebe in verlassene Mauselöcher. Mäusegänge sind bei Hummeln so beliebt, weil vom Vormieter meistens noch die Inneneinrichtung drin ist. Moos oder trockenes Gras vom Mäusenest, mit Wachs oder Honig verknetet, lässt sich nämlich zu einer Luxus-Wärmehülle für den Hummelnachwuchs formen.

Total abgehoben!

Spaziergänge im Herbst sind etwas Besonderes: Die Farben sind intensiver, die Luft ist wunderbar klar – und die Blüten sind auffällig leer, besonders frühmorgens. Wenn die Temperaturen nur ein paar Grad über null liegen, ist keine einzige Biene oder Schwebfliege, kein Schmetterling auf den Blüten zu finden. Sie kommen einfach nicht auf ihre Betriebstemperatur und bleiben erst mal in ihren Schlupfwinkeln. Nur Hummeln beeindruckt die Morgenkälte nicht; sie machen sich ihre Flugtemperatur einfach selbst: Sie lassen die Flugmuskeln im Leerlauf schwirren, bis sie warm genug zum Abheben sind. Sie können ihre Körpertemperatur bis auf 20 Grad über die Außentemperatur hochfahren – vorausgesetzt, es ist genug »Flugbenzin« im Tank. Eine ausgehungerte Hummel krabbelt an kühlen Tagen genauso klamm herum wie jedes andere Insekt.

Wo geht's zur Tankstelle?

Woher wissen Hummeln eigentlich, wo es Nektar gibt? Stochern sie einfach aufs Geratewohl im Grünzeug herum, bis es irgendwo süß schmeckt? Und selbst wenn sie eine Blüte gefunden haben, woher wissen sie, dass der Nektar in der Blütenmitte wartet? Weil die Blumen es ihnen »sagen«! Jede Blume macht für sich Reklame, denn nur wenn Insekten den Weg zu ihr finden und Blütenstaub vom letzten Blütenbesuch bei ihr abladen, kann sie Samen bilden und sich vermehren. Also werben sie mit allen Mitteln, mit Düften, mit Farben und sogar mit Wegweisern. Die hübschen dunkelblauen Strahlen auf den Stiefmütterchenblüten, die dunkelrosa Linien auf den Blütenblättern der Wilden Malve oder der leuchtend gelbe Ring in der Mitte der Vergissmeinnichtblüte (Foto unten) haben nur einen Zweck: Sie sollen zeigen: »Hier geht's zum Saftladen!«

Register

Literatur

Ineichen, Stefan, Max Ruckstuhl: Stadtfauna. 600 Tierarten der Stadt Zürich. Haupt Verlag, Bern, Stuttgart, Wien 2010.

Möllers, F. und J. Reichholf: Wilde Tiere in der Stadt. Knesebeck Verlag, München 2010

Reichholf, Josef: Stadtnatur: Eine neue Heimat für Tiere und Pflanzen. Ein Naturführer durch die Stadt. Oekom Verlag, München 2007.

Richarz, Klaus, Ulrich Schmid und Bruno P. Kremer: Kriegen Enten kalte Füße? Frankh-Kosmos, Stuttgart 2008

Riechelmann, Cord: Wilde Tiere in der Stadt. Nicolaische Verlagsbuchhandlung GmbH, Berlin 2004.

Straaß, Veronika: Mit Kindern die Natur entdecken. BLV Buchverlag GmbH, München 2008.

Informationen aus dem Internet

Bäume: http://de.wikipedia.org/wiki/Baum

Bienenwachs: www.honig-auweiler.de/seiten/wachs.htm

Dohle: www.gebaeudebrueter.de/gebaeudebrueter1/dohle/index.html

Eichhörnchen: http://eichhoernchen-notruf.com/faq/warum-setzen-wir-uns-für-eichhörnchen-ein/

Eingewanderte Tiere und Pflanzen: www.nabu.de/ratgeber/neobita_branschweig.pdf

Füchse, unter anderem auch Stadtfüchse: www.fuchsmuseum.de/index.html

Füchsin ZOR – Bericht über einen sendermarkierten Züricher Stadtfuchs: www.zor.ch/fuchs_frame.html

Grün in der Stadt – ein Zuwachs an Lebensqualität: http://die-gruene-stadt.de/

Halsbandsittich: www.sueddeutsche.de/wissen/halsbandsittiche-in-deutschland-invasion-der-gruenen-papageien-1.1244859

Haussperling: www.gebaeudebrueter.de/gebaeudebrueter1/sperling/index.html

Höckerschwäne: www.goose.org/hoeckerschwaene.html

Lachmöwen: www.manfredgiebing.de/lachmoewe.htm

Leuchtkäfer in Deutschland: www.lampyridae.lima-city.de/

Mauersegler: www.gebaeudebrueter.de/gebaeudebrueter1/mauersegler/index.html

Neophyten: www.nabu.de/ratgeber/neophyten.pdf

Rabenkrähe, Saatkrähe, Eichelhäher, Dohle und andere Rabenvögel; ausführliche Fakten und Daten: www.corvus-monedula.com/Index4.html

Raupen und ihr Leben: www.naturwissenschaftlicher-verein-wuppertal.de/sektionen/Entomo logie/schmetterlinge/wissenswertes-uber-schmetterlinge-seiten/das-raupenstadium

Spinnen für Einsteiger und Fachleute (von der Arachnologischen Gesellschaft e.V.), u. a. ausführliches Porträt der Gartenkreuzspinne: www.arages.de/index.html

Stadtklima und wie man es beeinflussen kann (veröffentlicht vom Umweltbundesamt): www.nabu.de/imperia/md/content/nabude/Stadtklimawandel/nabu_broschuere_stadtklimawandel_finalweb.pdf

Stadtnatur in Hamburg: www.isebek-initiative.de/uploads/sn/HamburgerManifestZurStadtnatur.pdf

Steinmarder im Naturlexikon: www.natur-lexikon.com/Texte/MZ/002/00107-Steinmarder/mz00107-Steinmarder.html

Stockenten: www.stockenten.info

Tauben: www.gebaeudebrueter.de/gebaeudebrueter1/tauben/index.html

Turmfalken: www.gebaeudebrueter.de/gebaeudebrueter1/turmfalke/index.html

Waschbären in der Stadt: www.diewaschbaerenkommen.de/html/stadt-waschbaeren.html

Wildtiere in der Stadt, speziell in Berlin: Spannende Details – auch als Videos: www.planet-wissen.de/natur_technik/tier_und_mensch/tiere_der_stadt/index.jsp

Jugendreport Natur 2010 – ein Streifzug: www.wanderforschung.de/files/jrn2010kz-kompatibilitaets-modus1318265660.pdf

Lexikon für Kinder, z.B. über Spinnen, Blattabwurf, Eichhörnchen, Bienen und vieles andere, betrieben vom BR: www.br-online.de/kinder/fragen-verstehen/wissen/

Über die Autorin

Andrea Thonot absolvierte ein Studium zur Diplom-Biologin und ist seitdem tätig als Autorin, freie Journalistin, Übersetzerin und Lektorin mit Schwerpunkten auf ökologischen und ethnologischen Themen. Sie engagiert sich im Natur- und Umweltschutz und hat jahrelange Erfahrung damit, Kinder für die Natur zu begeistern.

Bildnachweis

Accent - Fotolia.com: 18; advphoto - Fotolia.com: 1; Alexander von Düren - Fotolia.com: 117; Arco/NPL/Philippe Clement: 24; Arco/NPL/Michael Durham: 47;Arco/C. Hütter: 44u; Blickwinkel/A. Jagel: 67; Blickwinkel/A. Krieger: 22/23, 100; Blickwinkel/C. Blumenstein: 95u/Einklinker; Blickwinkel/C. Huetter: 58; Blickwinkel/E. Menz: 109u; Blickwinkel/F. Hecker: 101; Blickwinkel/ Hecker/Sauer: 35o/Einklinker; Blickwinkel/H. Schmidbauer: 53u; Blickwinkel/J. Kottmann: 59u; Blickwinkel/P. Schuetz: 34u/ Einklinker; Blickwinkel/R. Bala: 59o; Blickwinkel/R. Kaminski: 25u; Blickwinkel/S. Meyers: 73; Blickwinkel/S. Tuengler: 28; BlueOrange Studio – Fotolia.com: 36; Carmen Steiner - Fotolia.com: 17; chris-m – Fotolia.com: 16; Danegger Manfred/OKAPIA: 105; Dobrotica – Fotolia.com: 80; Fotex/MLP: 32; fotoping – Fotolia.com: 45; Gennadiy Poznyakov – Fotolia.com: 2/3; Hecker: 6, 9u, 10/Einklinker, 12, 13o, 14, 15, 20, 27u, 31, 39, 43, 44o, 49, 52, 56, 61, 62, 63, 66, 69, 70, 71, 75, 76, 79, 81, 83, 84, 86, 87o, 90, 91, 97o, 104/105, 108, 109o, 111, 115, 116, 118, 119, 121; helphot – Fotolia.com: 113; Jacek Chabraszewski – Fotolia.com: 74; James Thew – Fotolia.com: 26; Jessmine – Fotolia.com: 122; Jovale – Fotolia.com: 40; Karin Jähne – Fotolia.com: 29u; Kögel: 8, 107, 120; Lena Lir – Fotolia.com: 68; Lubos Chlubny – Fotolia.com: 97u; Martina Berg – Fotolia.com: 23/Einklinker; Monia – Fotolia.com: 106; Mutter: 19; Nill: 85o, 85u; noerenberg – Fotolia.com: 29o; Okapia/imagebroker/Maik Blume: 37; Ornitolog82 – Fotolia.com: 41; Pforr: 9o, 21o, 21u, 29o, 38, 48, 50/Einklinker, 53o, 54, 55, 60, 64, 77, 78, 87u, 89o, 92, 93, 96, 99, 110, 123; Pott: 98; Reicher – Fotolia.com: 10/11; Reiner Wellmann – Fotolia.com: 50/51; Sidney Cromer – Fotolia.com: 46; Sven Petersen – Fotolia.com: 7u; Tierfotoagentur.de / Harbig: 57u; Tomasinelli F. & G. Radi/Lighthouse/OKAPIA : 34/35; Tomy – Fotolia.com: 4/5; vladimirdavydov – Fotolia.com: 94/95; Wothe: 4/Einklinker, 7o, 13u, 30, 33, 42, 57o, 65, 72, 82, 88, 89u, 102, 103, 104, 112, 114

Piktogramm Löwenzahn: hibrida13 – Fotolia.com

Impressum

Bibliografische Information der Deutschen Nationalbibliothek
Die Deutsche Nationalbibliothek verzeichnet diese Publikation in der Deutschen Nationalbibliografie; detaillierte bibliografische Daten sind im Internet über http://dnb.d-nb.de abrufbar.

BLV Buchverlag GmbH & Co. KG
80797 München

Umschlagkonzeption: Kochan & Partner, München
Umschlagfotos:
Vorderseite: Okapia/imagebroker/Bahnmueller
Rückseite: BlueOrange Studio (fotolia)

Lektorat: Dr. Friedrich Kögel, Christina Rothe
Herstellung: Ruth Bost
Layoutkonzept Innenteil: griesbeckdesign, München
Satz und Layout: griesbeckdesign, München

Gedruckt auf chlorfrei gebleichtem Papier

Printed in Slovakia
ISBN 978-3-8354-0949-1

Hinweis
Das vorliegende Buch wurde sorgfältig erarbeitet. Dennoch erfolgen alle Angaben ohne Gewähr. Weder Autorin noch Verlag können für eventuelle Nachteile oder Schäden, die aus den im Buch vorgestellten Informationen resultieren, eine Haftung übernehmen.